网店美工

刘艳玲　陈博伦 主 编
隋东旭　刘旭光 副主编

清华大学出版社
北京

内 容 简 介

本书从淘宝、网店美工的需求和实用角度出发，结合编者多年的教学和实战经验进行编写，旨在帮助读者了解网店美工基础知识、网店美工装修常用软件、商品图片拍摄和处理等相关知识，学会设计制作网店 PC 端和手机移动端的店铺首页、详情页及推广图，以及网店美工视频制作和商业综合案例等。本书提供配套练习素材及源文件，读者可边学边练习，即学即用，真正实现零基础也能学会独立操作。

本书可作为各类院校电子商务及相关专业的教材，也可作为网络创业者和电子商务从业人员的参考用书。

图书在版编目（CIP）数据

网店美工 / 刘艳玲，陈博伦主编 . — 北京：清华大学出版社，2022.9
ISBN 978-7-302-61525-5

Ⅰ．①网… Ⅱ．①刘… ②陈… Ⅲ．①网店—设计 Ⅳ．① F713.361.2

中国版本图书馆 CIP 数据核字（2022）第 144411 号

责任编辑：吴梦佳
封面设计：常雪影
责任校对：袁　芳
责任印制：曹婉颖

出版发行：清华大学出版社
   网　　址：http://www.tup.com.cn，http://www.wqbook.com
   地　　址：北京清华大学学研大厦A座   邮　　编：100084
   社 总 机：010-83470000   邮　　购：010-62786544
   投稿与读者服务：010-62776969，c-service@tup.tsinghua.edu.cn
   质量反馈：010-62772015，zhiliang@tup.tsinghua.edu.cn
   课件下载：http://www.tup.com.cn，010-83470410
印 装 者：北京嘉实印刷有限公司
经　　销：全国新华书店
开　　本：185mm×260mm 印　　张：12.25 字　　数：279千字
版　　次：2022年9月第1版   印　　次：2022年9月第1次印刷
定　　价：59.90元

产品编号：095960-01

前　言

随着电子商务行业的兴起和飞速发展，以及企业竞争的不断加剧，网上店铺蓬勃发展，简单枯燥的网店页面已经很难打动消费者，在这种趋势下电子商务企业的岗位用人需求也日渐细分化，"网店美工"这一类技术人才在电子商务快车上的作用逐渐凸显出来。当我们深入了解那些脱颖而出的店铺时，会发现这些店铺不仅有爆款商品，还有颇具视觉冲击力的装修设计和吸引消费者眼球的亮点。为帮助读者掌握网店美工视觉设计的基本技能、提高其综合实践能力，编者结合自己多年的教学和实战经验编写此书。本书适合电商美工设计初学者学习使用，可作为电商美工设计师的参考用书，也可作为培训学校、高等院校的教学参考书或上机实践指导用书。

本书内容遵循"掌握基础知识—处理素材图片—装修网店实战—综合案例提升"的思路，精心安排网店美工基础知识、网店美工常用软件介绍、商品图片拍摄、商品图片处理、网店店铺装修——首页设计、网店店铺装修——详情页设计、网店店铺装修——店铺推广图、手机端店铺设计、网店美工视频制作、商业综合案例共计 10 个章节内容。各章节具体内容分别如下。

第 1 章介绍网店美工概述、网店美工日常工作、网店美工色彩概述。通过学习本章内容，读者可以了解网店美工的含义、工作范畴和目的、能力要求及需要注意的问题，熟悉网店美工日常内容，掌握色彩的原理、分类、三要素、对比与调和等内容。

第 2 章认识 Photoshop 软件并掌握 Photoshop 软件基本操作，包括 Photoshop 工作界面详细介绍，认知像素与分辨率、位图与矢量图、图像的颜色模式、图像的存储格式等概念，掌握新建文件的方法、打开和置入素材、进行图像存储、调整商品图像显示比例和范围、设置标尺与参考、设置前后背景色等操作。

第 3 章从商品拍摄前期准备入手，介绍摄影器材的选择与使用、辅助摄影器材及商品布景，要求读者了解商品图片拍摄分类、商品图片拍摄要求、商品图片拍摄流程、商品图片拍摄技巧等基础知识，掌握直线型与 S 曲线型构图、几何型构图、对称型与均衡型构图、散点型与辐射型构图、黄金分割法构图等基本摄影构图方法。

第 4 章讲述图片裁剪处理、图片背景更换处理、图片美化处理、图片调色处理、图片文字处理。通过学习本章内容，读者可以掌握如何裁剪商品图像范围和变换角度、如何矫正商品图像倾斜及改变商品图像大小，掌握快速抠取商品图片、抠取规则商品图片、抠取不规则商品图片、抠取带毛发商品图片、抠取透明商品图片的方法，学会如何去除水印和污渍、如何进行图像的模糊和锐化、如何美化人物模特，掌握调整图像明暗、还原商品图片真实色彩和更改商品图片色调的方法，可以制作文字投影、渐变文字、文字变形等商品图片常用文字效果。

第 5 章首先从店铺首页内容、店铺首页设计方法、首页布局介绍等方面介绍店铺首页制作规范，其次介绍店招设计的意义与功能、店招设计规范、店招设计要求和方法，再次介绍店标设计认知、店标设计常见类型、店标设计要点，最后介绍店铺首页海报设计认知和要点、海报设计规范和技巧等内容。

第 6 章认知店铺详情页布局、类型和技巧，首先介绍商品详情页焦点图设计认知、设计要点和设计方法，其次介绍商品信息图设计认知、设计要点和设计方法，最后介绍商品细节图设计认知、设计要点和设计方法。

第 7 章着眼于促销广告设计、直通车推广图设计、钻展图设计三个方面，重点讲述店铺促销广告设计的尺寸与规范、促销广告标准与类型、直通车推广图设计思路与方法、直通车推广图设计技巧、钻展图的含义及设计标准等内容。

第 8 章介绍手机端店铺首页和详情页设计，通过学习本章内容，读者可以了解手机端店铺首页模块组成、设计特点和设计注意事项，掌握手机端店铺详情页特征和设计要点。

第 9 章介绍视频概念、视频拍摄流程、网店美工视频类型、网店美工视频拍摄注意事项等基础知识，帮助读者掌握常用视频素材的编辑、制作及发布。

第 10 章以装修思路—知识要点—操作步骤为线，向读者详细介绍装修服装店铺、美食店铺、床品店铺和灯具店铺 4 个经典综合案例。

本书编写特点

1. 内容全面，结构合理

本书从网店美工小白的角度出发，通过全面介绍网店美工设计者应该掌握的知识和工作内容为切入点，逐步深入展开网店美工的实战介绍，涵盖美工基本理论和知识、PC 端和手机端网店装修实战案例，以帮助读者从零开始学习网店美工技能。

2. 案例丰富，实践性强

本书案例均以网店美工设计实际需求进行编写，可以帮助读者快速掌握相关知识与技能，让读者能够快速制作出具有专业水准的视觉效果。

3. 资源完善，方便学习

为帮助读者尽快掌握网店美工岗位的技能，本书使用图文并茂的操作指示，在重点案例中采用二维码嵌入微课的形式，让读者在赏心悦目的阅读体验中快速掌握网店美工设计的各种知识和技能，同时提供书中所有案例的素材文件和源文件，教学使用的教案、教学大纲、PPT 教学课件等资源，供广大读者参考使用。

本书由刘艳玲、陈博伦担任主编，隋东旭、刘旭光担任副主编。尽管编者在编写过程中力求准确和完善，但由于编者水平有限，书中难免有疏漏之处，在感谢您选择和使用本书的同时，也希望您能够对本书提出意见和建议，以便更加完善本书。

编　者

2022 年 3 月

目　录

第 9 章　网店美工视频制作　/　159

第 10 章　商业综合案例　/　169

参考文献　/　186

| 第1章 |

网店美工基础知识

 章节目标

知识目标：（1）了解网店美工的含义、工作范畴、能力要求及需要注意的问题。

　　　　　（2）熟悉网店美工的日常工作。

　　　　　（3）熟悉网店美工色彩的相关知识。

技能目标：（1）掌握网店美工日常工作的内容与流程。

　　　　　（2）掌握网店美工色彩的运用。

 学习重点、难点

学习重点：网店美工日常工作。

学习难点：网店美工色彩的相关知识。

通过本章的学习，使读者了解网店美工概述、网店美工日常工作和网店美工色彩概述，同时培养学生的专业素养，鼓励学生将自己学到的专业知识和实际应用紧密结合，从而解决生活中的实际问题，学习网店美工职业道德和社会责任感在实际工作中的重要性。

随着电子商务的不断发展，网店美工的重要性日趋明显，网店美工相关岗位的人才缺口逐渐增大，对相关从业人员的要求也越来越高。要想成为一名合格的网店美工，首先需要了解网店美工需要掌握的相关基础知识，包括认知网店美工的含义、网店美工的工作范畴、网店美工的工作能力和网店美工需要注意的问题等概述内容；了解网店美工优化商品图片、设计店铺首页、制作网店活动海报、制作店铺详情页和其他工作为网店美工的日常工作内容，掌握网店美工装修时涉及的色彩原理、色彩分类、色彩要素、色彩对比、色彩调和等色彩概述内容。本章以网店美工概述为切入点，网店美工日常工作为重点，网店美工色彩概述为提升点，帮助读者熟悉和认识网店美工，揭开它美丽的面纱。

1.1　网店美工概述

1.1.1　网店美工的含义

网店美工主要指从事电商网站的页面设计、美化、网店促销海报制作、宝贝描述海报制作等工作的群体，是网店网站美化工作者的统称。

1.1.2　网店美工的工作范畴和目的

网店美工的工作范畴比较广泛，主要负责优选素材、美化图片、装修店铺、设计页面、推广网站等。网店美工的工作目的是从视觉角度上快速提升店面形象，传达商品信息，树立品牌形象，吸引更多消费者进店浏览。

1.1.3　网店美工的能力要求

一个合格的网店美工除了懂专业知识以外，还需要懂产品、懂营销、懂广告、懂运营等。只有了解如何将良好的营销思维应用到产品中，了解所制作的图片要传达什么信息，才能懂得如何去打动买家，从而激发买家的购买欲。因此，一个好的网店美工，除了能够熟练掌握和使用相应的制作软件外，还必须具备以下能力。

（1）有扎实的美术功底和良好的妆造能力。

（2）对网页的布局及色彩的搭配有着独到的见解和体会，并具有较好的审美能力及美感意识。

（3）掌握一定的网页设计语言。

（4）有较强的文字功底。

1.1.4　网店美工需要注意的问题

在整个电商行业里，美工是最为重要的一个环节，一个网店第一印象如何，是否可以使更多人感兴趣，很大程度上取决于店铺的装修，一个店铺的装修质量取决于美工设计。这个过程中要注意以下 4 个问题。

网店美工需要
注意的问题

1. 美工图片的显示

遵守电商运营规则，严禁发布违禁信息、虚假交易、描述不符、过度美化等妨碍买家利益的商品图片。遵循美工图片上传大小规格和分辨率要求，避免图片过大导致上传失败或者图片过小影响读图。

2. 适量使用动态图

动态图片在一定程度上更容易吸引人的眼球，但动态图片过多又会扰乱人的视线，抓不到重点，因此在电商美工中要注意适量使用动态图，让整个网店装修活起来。

3. 店铺风格的选择

店铺风格的选择主要取决于网店主营的产品类型，网店商品发布的方式和时间，以及网店促销活动和店主服务顾客的个人特色等方面。这是做好视觉营销最基础的东西。优秀的页面一定要有自己的风格，才会独树一帜。店铺风格的选择流程是先确定自己品牌的主色调，把握大的风格方向；其次搭配合理的辅助色，锦上添花；再次是参考经典配色方法，进行对比、微调；最后要充分考虑消费群体的喜好和顾虑，综合分析后形成自己的店铺风格。

4. 控制图片的色彩

控制图片的色彩主要指的是在店铺装修中。由于色彩在装修中起着至关重要的作用，它是一种非常重要的视觉传达元素，能够烘托出各种各样的氛围，不但影响顾客的心理，还影响顾客对商品风格和形象的判断。因此，只有合理地控制好店铺装修中图片的色彩，才能让自己的设计与众不同，让人耳目一新。如图 1-1 所示的商品海报使用了能够提起人味觉的暖色进行搭配，给人一种暖意融融的感觉。

图 1-1　暖色调搭配海报

1.1.5　课堂案例：简述优秀的网店美工设计者应具备的能力

请根据所学内容和知识，简述一个优秀的网店美工设计者应具备的能力。

1.2　网店美工日常工作

网店美工的工作范畴包括店铺页面的设计和美化，网店促销海报的制作，宝贝详情页设计、图片美化、图片上传等。

1.2.1　优化商品图片

对用来展示店铺商品整体和局部细节的商品图片，进行优化是网店设计的最基础要求。最具视觉冲击力和吸引力的商品图片不仅能使商品在众多商品中脱颖而出，而且能够提高店铺的流量和点击率，因此，电商美工的必修课就是优化商品图片。优化商品图片的方法有以下几种。

优化商品图片

1. 多角度拍摄商品图片

顾客在浏览店铺网页时，由于不能直接接触到商品，所以需要店家提供多角度的商品图片展示商品，如图 1-2 所示增加顾客在店铺中的停留时间，从而提高顾客的购买欲望。

2. 保证商品图片的清晰度

想要提高顾客的购买欲望，在众多的网店中吸引顾客，就必须要保证商品图片的清晰度。因为清晰的商品图片不仅能体现出商品的细节和相关信息，还能在很大程度上提高商品的耐看性和视觉冲击力。相反，模糊的商品图片不仅无法激发顾客的购买欲望，还会影响顾客对店铺的印象认知和评价，从而导致店铺失去竞争力，如图 1-3 所示。

图 1-2　多角度拍摄商品图片　　　　　图 1-3　图片模糊和图片清晰的对比

3. 突出商品图片的重点

在拍摄商品图片时，要突出商品图片的重点，使商品图片的主次分明，从而更好地表现商品，避免视觉混乱，如图 1-4 所示。

4. 提高商品图片的美观度

如果忽略大众的审美，在制作图片时出现了构图问题，导致图片杂乱无章，缺乏美感，会使得顾客没有停留的想法，这时需要提高商品图片的美观度，适当添加装饰图案和修饰文字，不仅可以修饰商品，还可以吸引顾客关注，如图 1-5 所示。

图 1-4　突出商品图片的重点　　　　　图 1-5　提高商品图片的美观度

1.2.2 设计店铺首页

店铺首页是店铺针对最新上市商品、最新促销活动、主推特色商品等进行全方位展示的区域，其作用是让顾客快速了解所浏览的店铺和店铺内的商品信息，从而选择在店铺内进行交易。店铺的首页是顾客第一印象区，所以需要根据不同的时间段、不同的节日和活动对店铺首页进行装修和设计，让产品信息得到及时地更新，使店铺始终保持崭新的形象，如图1-6所示。

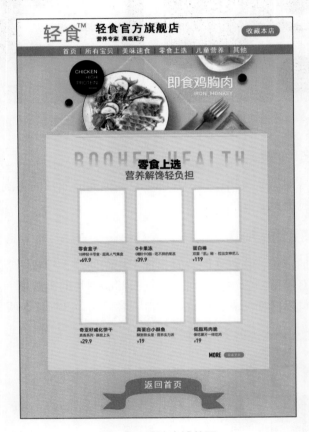

图 1-6　设计店铺首页

1.2.3 制作活动海报

活动海报是电商店铺广泛使用的一种广告宣传方法，它的作用是把各种促销活动信息传递给顾客。制作出精美的活动海报是每个网店美工的职责，更是网店美工日常工作的常见环节。制作精美的海报可以提高网店的流量，使店铺得到更多的关注，从而提高店铺的交易量，如图1-7所示。

图 1-7　制作活动海报

1.2.4　制作宝贝详情页

宝贝详情页是店铺中非常重要的版块，商品的形状、大小及细节都由宝贝详情页做出详细的展示和介绍，如图 1-8 所示。网店美工对宝贝详情页进行装修时，要突出商品的特点，再结合文字的描述，尽可能全方位地展示商品，才能让顾客对商品有清晰的了解。

图 1-8　宝贝详情页

1.2.5　网店美工店铺其他工作

网店美工日常工作除美化商品图片、制作店铺首页和详情页、设计制作店铺海报等常规中期工作外，还经常从事和参与前期拍摄及后期推广、产品页面维护等工作。

1.2.6　课堂案例：举例说明网店美工日常工作的内容

请你以一位网店美工的身份，向大家阐述网店美工日常工作的内容。

1.3　网店美工色彩概述

1.3.1　色彩的原理

色彩是透过眼、脑和生活经验所产生的一种对光的视觉效应。不同的色彩可以产生不同的心理作用，可以直接影响人们的感情。通常情况下，我们把其他颜料调配不出来的称为原色，也称第一次色；如红蓝混合得到的紫色是第二次色，又称间色；间色之间再互相调配出来的叫第三次色，又称复色。不同比例的复色混合能得出不同倾向的灰色，这是自然界很常见的、很漂亮的颜色，要善于调配运用。

1.3.2　色彩的分类

色彩分成两个大类：有彩色系和无彩色系。红、橙、黄、绿、青、蓝、紫等颜色被称为有彩色系，如图 1-9 所示。颜色的饱和度为 0 指的是无彩色系，代表色是黑、白、灰，如图 1-10 所示。

图 1-9　有彩色系

图 1-10　无彩色系

1.3.3　色彩的三要素

　　色彩的三要素（elements of color）是从色彩可用的色调（色相）、饱和度（纯度）和明度来描述的。人眼看到的任一彩色光都是这三个特性的综合效果，这三个特性即是色彩的三要素，其中色调与光波的频率有直接关系，明度和饱和度与光波的幅度有关。色相是指色彩的相貌名称，如红色、橙色、紫色等。它是颜色的首要特征，也是区别各种不同色彩最准确的标准，如图 1-11 所示。纯度通常是指色彩的鲜艳度。从科学的角度看，一种颜色的鲜艳度取决于这一色相发射光的单一程度。人眼能辨别的有单色光特征的色，都具有一定的鲜艳度，如图 1-12 所示。明度是指色彩的明亮程度。各种有色物体由于它们的反射光量的区别而产生颜色的明暗强弱。色彩的明度有两种情况：第一种情况是同一色相不同明度，如同一颜色在强光照射下显得明亮，弱光照射下显得较灰暗，同一颜色加黑以后能产生各种不同的明暗层次；第二种情况是各种不同色相之间的明度不同，每一种纯色都有与其相对的明度，如图 1-13 所示。有彩色的色相、纯度和明度三特征既有联系又有不同，是不可分割的整体，在应用时必须同时考虑这三个因素。通常情况下，颜色色相受明度和纯度影响会产生视觉和心理上的变化，同时色相名称也会发生变化；纯度上原色的纯度最高。纯净程度越高，色彩纯度越高；反之，色彩纯度越低。当一种色彩加入黑、白或其他颜色时，纯度就产生变化。加入其他色越多，色彩纯度越低。简单来说，明度越低越接近黑色，明度越高越接近白色，可以理解为明度越高，加入的白色越多。

图 1-11　色相变化

图 1-12　色彩纯度

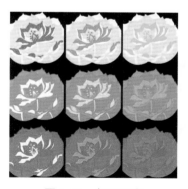

图 1-13　色彩明度

1.3.4　色彩的对比

在知觉中，当两种或两种以上的色彩放在一起时，由于相互影响的作用显示出差别的现象称为色彩对比。电商店铺装修中常见的色彩对比如图 1-14～图 1-17 所示。

色彩的对比

图 1-14　色相对比

图 1-15　纯度对比

图 1-16　冷暖对比

图 1-17　黑白灰对比

1.3.5　色彩的调和

色彩调和是把具有共同的、近似的色素进行配置而形成的和谐统一的效果。色彩的调和是与对比相辅相成的，是一种近似、秩序视觉生理平衡的表现。其内容包括调和色彩与布局、色彩与作品内容等的统一。同时调和与对比都是构成色彩美感的要素，调和是抑制过分对比的手段。

色彩的调和可以分为以下两类。

（1）类似色的调和是指以性质接近的色彩相配置时，作纯度和明度的改变，使其达到有深浅浓淡的层次变化，形成统一协调的效果，如图 1-18 所示。

（2）对比色的调和是指两种性质相差较远的色彩，尤指色环中位置相对的两种色，即补色，通过某些特定方法和规律进行配置而取得的协调效果，如图 1-19 所示。

图 1-18　类似色的调和

图 1-19　对比色的调和

1.3.6　课堂案例：简述色彩三要素之间的关系

　　根据所学理论知识，总结电商平台页面色彩要素之间的变化，并简述色彩三要素之间的关系。

▶▶▶ 拓展实训

　　应用所学内容设计制作同一商品不同色相构成图并进行保存。文档名称修改为色相，文件大小为 210mm×297mm，分辨率为 72 像素 / 英寸，颜色模式为 RGB，背景内容为白色，保存格式为 JPEG 格式，保存到计算机 D 盘。

第2章

网店美工常用软件介绍

 章节目标

知识目标：（1）了解 Photoshop 图像处理软件的相关知识。

（2）熟悉 Photoshop 软件工作界面。

（3）掌握 Photoshop 软件涉及的基本概念。

（4）掌握 Photoshop 软件的基本操作。

技能目标：（1）能够熟知软件的基本概念。

（2）能够独立完成软件的基本操作。

 学习重点、难点

学习重点： Photoshop 软件的基本操作。

学习难点： Photoshop 软件涉及的基本概念。

思政导学

　　通过本章的学习，使读者对 Photoshop 软件有详细的认知并掌握基本的操作技能。本章内容将我国科技创新飞速发展融合在知识讲授中，从而增强民族自豪感，技术的发展贵在不断钻研、不断创新，提醒读者在今后的工作岗位上要"敬业"。

　　Photoshop 软件是 Adobe 公司开发的一个专业的图像编辑处理软件，被广泛地应用于各个领域。不受时间和空间限制的网络购物吸引了越来越多的消费者，因此网上开店炙手可热，而在网店运营过程中，店面装修、商品图片处理、广告促销图片制作、产品描述图片处理等一系列工作都需要借助 Photoshop 软件来完成，因此网店美工从业人员必须要掌握一定的 Photoshop 软件的认知和操作，才能更好地发挥其服务作用。本章将介绍 Photoshop 工作界面、像素与分辨率、位图与矢量图、图像的颜色模式和图像的存储格式等内容，帮助读者认识 Photoshop 基础知识；重点阐述 Photoshop 软件如何新建文档、打开和置入素材、存储图像、调整商品图像显示比例和范围、设置标尺与参考线及前后背景色等基本操作，帮助读者迅速熟悉 Photoshop 软件在网店装修中的应用。

2.1　Photoshop 图像处理软件的认知

2.1.1　认识 Photoshop 图像处理软件

　　Photoshop 一般指 Adobe Photoshop，简称 PS，是一款专业的数字图像处理软件，深受创意设计人员和图像处理爱好者的喜爱。Photoshop 是目前较强大的图像处理软件，可以快速实现图像的抠图、修图、调色、合成等处理，广泛应用于平面和电商网页设计等各个领域。

　　通常情况下，电商店铺中具有强烈视觉效果的图片会更加吸引顾客的眼球和注意，也更有利于提高店铺的流量与转化率。所以，作为电商美工设计者，必须熟悉和掌握 Photoshop 软件的使用。

2.1.2　Photoshop 工作界面详细介绍

　　启动 Photoshop 程序后，打开一个图像文件，如图中打开"狮子"图像即可看见 Photoshop 的工作界面，如图 2-1 所示。

　　1. 菜单栏

　　Photoshop 的菜单栏包含文件、编辑等多组主菜单，单击每个主菜单

Photoshop 工作界面详细介绍

图 2-1　Photoshop 工作界面

之后就可以打开相应的子菜单。

2. 标题栏

打开一个文件以后，Photoshop 会自动创建一个标题栏。在标题栏上会显示这个文件的名称、格式、窗口缩放比例及颜色模式等信息。

3. 工具属性栏

工具属性栏主要用来设置当前工具的各种参数和操作方式，不同工具的属性栏的功能可能有较大不同。

4. 图像窗口

图像窗口是展示打开图像的区域，在这里可以清晰地看到正在操作的图像文档。

5. 工具箱

工具箱又叫"工具栏"，默认在整个 Photoshop 窗口的左侧，是一个竖向条状的工具箱。可以对工具栏中的各种工具和工具组（右下角带小箭头）选中使用，在工具组的图标上右击可看到该工具组内包含的多个工具。也可以单击工具栏左上角的小双箭头将其折展开为双栏。或者，再次单击反方向的小双箭头将工具箱恢复单栏模式。

6. 状态栏

状态栏位于文档窗口的左下角。状态栏默认显示当前文档的窗口缩放比例、文档大小，也可以单击它右侧的 ">" 图标，这样可以选择想要展示的文档参数。

7. 面板

面板默认在整个 Photoshop 窗口的最右侧，和最左侧的工具箱 "隔海相望"。面板的主要作用是用来配合图像的编辑、对操作对象进行控制以及设置参数等。每个面板的右上角都有一个由三道杠组成的图标，单击后可打开该面板对应的菜单选项。如果需要打开某个面板，可以单击菜单栏中的"窗口"菜单按钮，在展开的菜单中单击要打开的面板即可。

像素与分辨率

在 Photoshop 中，像素与分辨率影响图像文件的大小与质量。电商图片制作时要充分考虑这两个参数设置对图片的影响。

1. 像素

像素即图像元素，是构成位图图像的基本单位，一张位图图像是由在水平及垂直方向上的若干个像素组成的。每一个像素都是一个带有自己颜色的小方块，都有自己的明确位置和颜色值。像素的位置及颜色值决定了图像的内容和效果。图像文件包含的像素越多，其信息量就越大，文件就越大，图像的品质也就越好。将包含像素的位图图像放大后，即可看见一个个不同颜色的像素，如图 2-2 所示。

放大前
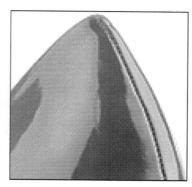
放大后

图 2-2　像素

2. 分辨率

分辨率即图像中每个单位面积内包含像素的多少，通常用"像素 / 英寸"（dpi）或"像素 / 厘米"表示。相同打印尺寸的图像，高分辨率的图像包含的像素比低分辨率的图像包含的像素多，所以像素点也越小，成像更清晰、更细腻。

位图图像与矢量图

1. 位图图像

位图图像（bitmap）也称为点阵图像或栅格图像，是由称作像素（图片元素）的单个点组成的。这些点可以进行不同的排列和染色以构成图样。其特点是可以表现色彩的变化和颜色的细微过渡,产生逼真的效果;其缺点是在保存时需要记录每一个像素的位置和颜色值,占用较大的存储空间。目前最常用的位图图像处理软件有 Photoshop(同时也包含矢量图功能)、Painter 和 Windows 系统自带的画图工具等。

2. 矢量图

矢量图也称为面向对象的图像或绘图图像,在数学上定义为一系列由线连接的点。矢量文件中的图形元素称为对象。每个对象都是一个自成一体的实体,它具有颜色、形状、轮廓、大小和屏幕位置等属性。矢量图文件占用内在空间较小,因为这种类型的图像文件包含独立的分离图像,可以自由无限制地重新组合。它的特点是放大后图像不会失真,和分辨率无关,适用于图形设计、文字设计和一些标志设计、版式设计等。

2.1.5 图像的颜色模式

图像的颜色模式是将某种颜色表现为数字形式的模型,或者说是一种记录图像颜色的方式。Photoshop 软件中常用的颜色模式有:RGB 模式、CMYK 模式、Lab 颜色模式、位图图像模式和灰度模式。

1. RGB 模式

RGB 色彩模式是工业界的一种颜色标准,是通过对红(red)、绿(green)、蓝(blue)三个颜色通道的变化及它们相互之间的叠加来得到各式各样的颜色的。RGB 即代表红、绿、蓝三个通道的颜色。这个标准几乎包括了人类视力所能感知的所有颜色,是目前运用最广的颜色系统之一,如图 2-3 所示。

2. CMYK 模式

CMYK 模式是一种印刷模式,其中四个字母分别指 cyan(青)、magenta(洋红)、yellow(黄)、black(黑),在印刷中代表四种颜色的油墨。CMYK 模式在本质上与 RGB 模式没有什么区别,只是产生色彩的原理不同。在 RGB 模式中由光源发出的色光混合生成颜色,而在 CMYK 模式中由光线照到有不同比例 C、M、Y、K 油墨的纸上,部分光谱被吸收后,反射到人眼的光产生颜色。由于 C、M、Y、K 在混合成色时,随着 C、M、Y、K 四种成分的增多,反射到人眼的光会越来越少,光线的亮度会越来越低,所以 CMYK 模式产生颜色的方法又被称为色光减色法,如图 2-4 所示。

图 2-3　RGB 模式

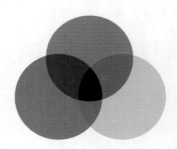

图 2-4　CMYK 模式

3. Lab 颜色模式

Lab 颜色是由 RGB 三基色转换而来的，它是由 RGB 模式转换为 HSB 模式和 CMYK 模式的桥梁。该颜色模式由一个发光率（luminance）和两个颜色（a,b）轴组成。其中 a 表示从洋红至绿色的范围，b 表示黄色至蓝色的范围。

4. 位图图像模式

位图图像模式是用两种颜色（黑和白）来表示图像中的像素。位图图像模式的图像也叫作黑白图像。因为其深度为 1，也称为一位图像。

5. 灰度模式

灰度模式是使用多达 256 级灰度来表现图像，使图像的过渡更平滑细腻。灰度图像的每个像素有一个 0（黑色）到 255（白色）之间的亮度值。灰度值也可以用黑色油墨覆盖的百分比来表示（0% 等于白色，100% 等于黑色）。

2.1.6　图像的存储格式

为了便于数码图像的处理和显示输出，在应用 Photoshop 进行电商图片制作或存储时，需要将图像以一定的方式进行存储，图像格式就是存储文件时所采用的记录格式。电商美工常用的格式有 PSD 格式、JPEG 格式、PNG 格式和 BMP 格式。

1. PSD 格式

PSD 格式是著名的 Adobe 公司的图像处理软件 Photoshop 的专用格式。其特点是保留和包含图片文件的所有操作信息，相当于一张"草图"，便于随时修改，便于电商美工操作过程中灵活把握绘图的节奏。

2. JPEG 格式

JPEG 格式是一种高压缩比的、有损真彩图像的文件格式。其最大的特点是文件比较小，可以进行高倍率压缩，因而在注重文件大小领域中的应用比较广泛，比如网络上的绝大部分要求高颜色深度的图像都采用 JPEG 格式。但是对于要打印输出的图像，最好不用 JPEG 格式，因为这类图像要保障图片质量。

3. PNG 格式

PNG 是一种采用无损压缩算法的位图图像格式，其设计目的是替代 GIF 和 TIFF 文件格式，同时增加一些 GIF 文件格式所不具备的特征。其格式的优点是：第一，存贮形式丰富，兼有 GIF 和 JPG 的色彩模式；第二，能把图像文件压缩到极限，以利于网络传输；第三，显示速度很快；第四，PNG 格式支持透明图像的制作，我们可以把图像背景设为透明，用网页本身的颜色信息来代替设为透明的色彩，这样可让图像和网页背景很和谐地融合在一起。

4. BMP 格式

BMP（Window 标准位图图像）是最普遍的点阵图格式之一，也是 Window 系统下的标准格式，是将 Window 下显示的点阵图以无损形式保存的文件，其优点是不会降低图片的质量，但文件会比较大。

2.1.7　课堂案例：以相同的图片内容对比说明位图图像和矢量图图像的区别

（1）列举两张图片内容完全相同的位图图像和矢量图图像。

（2）对比两个文件所占电脑空间的大小、对比两个文件色彩鲜艳度、对比两个文件放大后的变化。

（3）阐述位图图像和矢量图图像的区别。

2.2　Photoshop 图像处理软件的基本操作

2.2.1　新建文档

Photoshop 不仅可以编辑一个现有的图像，还可以创建一个空白的文件，然后对它进行各种编辑和操作。执行"文件"→"新建"命令或按 Ctrl+N 组合键，打开"新建文档"对话框，如图 2-5 所示。再设置对话框中文件的名称、大小、分辨率、颜色模式和背景内容等选项，然后单击"确定"按钮即可新建文件。参数中，名称默认是"未标题 -1"，也可以根据需要自定义设置文件名称，创建文件后，文件名会自动显示在图像窗口的标题栏中；宽度和高度是用来设置文件大小的，可以在右侧下拉列表中选择不同的单位；分辨率和颜色模式可根据需要自主选择和设置；背景内容用来设置文件背景，如图 2-6所示。

图 2-5　新建命令

图 2-6　"新建"对话框

2.2.2　打开和置入图像

要在 Photoshop 中编辑一个图像文件，需要先将其打开。文件的打开方式有很多种，可以使用命令打开，也可以使用组合键打开。

1. 打开图像

执行"文件"→"打开"命令，在弹出的"打开"对话框中，选择一个文件或者按住 Ctrl 键选择多个文件，如图 2-7 所示。单击"打开"按钮或者双击文件即可将其打开，如图 2-8 所示。

图 2-7　选择一个文件

图 2-8　打开图像

2. 置入图像

置入图像是将图片、相片等位图图像或 AI 等格式的矢量图以智能对象置入
Photoshop 中，可以执行"文件"→"置入"命令，打开"置入"对话框，选择当前要
置入的图像，如图 2-9 所示。单击"置入"按钮或者双击文件即可将其置入 Photoshop 中，
如图 2-10 所示。

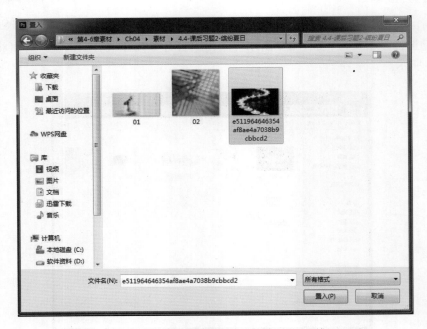

图 2-9　选择置入图像

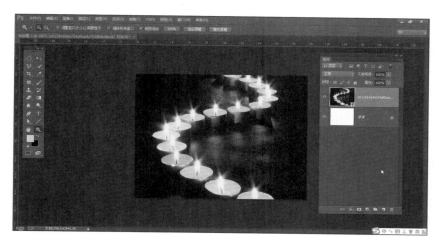

图 2-10　完成置入

2.2.3 存储图像

在图像处理过程中应及时存储图像文件，养成随时存储的好习惯，避免因突然断电或计算机死机造成文件的丢失。Photoshop 软件提供了多个用于保存图像文件的方法，还可以选择不同的文件格式进行保存，以便其他程序使用。

执行"文件"→"存储"命令，或者按下 Ctrl+S 组合键即可将当前操作的文件以目前修改状态进行存储，改变原图像状态；执行"文件"→"存储为"命令，或者按下 Shift+Ctrl+S 组合键将存储为另外的文件名称和其他格式，存储位置也可以更换，不会更改和破坏原文件状态，如图 2-11 所示。

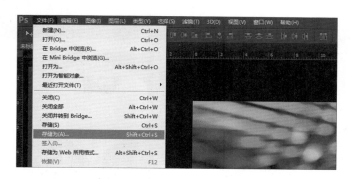

图 2-11　"存储为"文件

2.2.4 调整商品图像的显示比例和范围

1. 显示比例

使用界面左下角状态栏可以改变图像的显示比例。如图 2-12 所示，显示当前图像的显示比例是 50%。

图 2-12　50% 显示

　　使用工具箱中的缩放工具可以方便快捷地调整图像的显示比例，如图 2-13 所示。属性栏中单击带有"+"号或"－"号的放大镜可以放大或缩小画面；单击 100% 按钮，当前图像将以 100% 的显示比例显示；单击适合屏幕按钮，当前图像将缩放为适合屏幕的大小，且显示所有图像内容，如图 2-14 所示；单击填充屏幕按钮，当前图像将填充整个屏幕，与"适合屏幕"不同的是，"填充屏幕"以达到布满屏幕为目的，不一定显示所有图像，如图 2-15 所示。

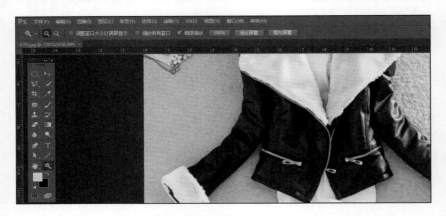

图 2-13　使用缩放工具

图 2-14　适合屏幕

图 2-15　填充屏幕

2. 显示范围

　　图像由于本身尺寸过大或显示比例过大而不能显示全部时，电商美工设计者可以使用抓手工具移动图像的画面，便于查看图像的隐藏区域。选择工具箱中的抓手工具，在图像中按住鼠标左键并拖动，即可移动画面，如图 2-16 所示。

图 2-16　用抓手工具移动画面

　　当图像尺寸大于窗口显示范围时，窗口底部和右侧就会自动出现滚动条。拖动滚动条，也可以方便地改变图像画面的显示位置和范围。

2.2.5　设置标尺与参考线

1. 标尺

电商美工设计者在处理图像时，若要精确定位鼠标指针的位置和对图像进行精准选择，可以使用标尺来进行辅助。

执行"视图"→"标尺"命令或按 Ctrl+R 组合键，可以显示或隐藏标尺，如图 2-17
所示。

图 2-17　带有标尺的界面

执行"编辑"→"首选项"→"单位与标尺"命令，或者在图像窗口中的标尺上双
击，可以弹出"首选项"对话框，进行标尺的相关参数的设置，如图 2-18 所示。

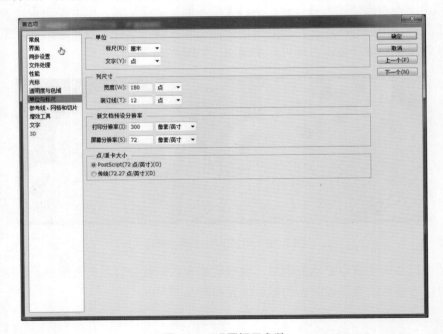

图 2-18　设置标尺参数

2. 参考线

参考线是浮于整个操作界面上不可打印的线，对图像进行精准定位和对齐起着至关

重要的作用。电商美工设计者可以新建、移动或删除参考线，还可以锁定参考线。

执行"视图"→"新建参考线"命令，弹出"新建参考线"对话框。选中"水平"或者"垂直"按钮，在"位置"文本框中输入参数，如图 2-19 所示，然后单击"确定"按钮，即可在当前图像中的指定位置添加参考线，如图 2-20 所示。

图 2-19 设置参考线　　　　　　　　　　　图 2-20 新建参考线

选取工具箱中的移动工具，移动鼠标指针至图像编辑窗口中的参考线上，此时鼠标指针呈双向箭头形状，按下鼠标左键并拖动，即可移动参考线，如图 2-21 所示。

图 2-21 移动参考线

若删除某一条参考线，可以应用鼠标将参考线拖至标尺以外即可删除；若要清除全部参考线，可以执行"视图"→"清除参考线"命令。

2.2.6　设置前后背景色

在进行图像编辑时，部分操作结果与当前设置的前景色和背景色有着非常密切的联系。例如，使用画笔工具在图像窗口进行绘画时，使用的就是前景色；在使用橡皮工具擦除图像窗口的背景涂层时，被擦除的区域则以背景色填充。

1. 使用"拾色器"对话框设置前景色和背景色

最常用的设置前景色和背景色的方法就是使用"拾色器"对话框选择颜色。单击工具箱中的前景色色块或背景色色块，在弹出的"拾色器"（前景色）或"拾色器"（背景色）中选择需要的颜色（如蓝色），然后单击"确定"按钮，即可将前景色或背景色设置为选择的蓝色，如图 2-22 所示。

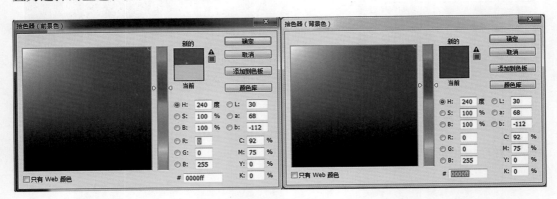

图 2-22　拾色器设置前后背景色

2. 使用"颜色"面板设置前景色和背景色

除上述使用"拾色器"设置前景色和背景色以外还可以使用"颜色"面板来设置，具体操作如下。执行"窗口"→"颜色"命令，调出"颜色"面板。单击面板左上角设置前景色或设置背景色色块，通过拖动 R、G、B 颜色条上所对应的滑块即可调整颜色，如图 2-23 所示。单击"颜色"面板右上角的按钮，在弹出的面板菜单中可以选择其他设置颜色的方式及颜色样板条类型，如图 2-24 所示。

3. 使用"吸管工具"设置前景色和背景色

电商美工设计者在处理图像时，经常需要从素材图像中获取颜色，来确保图像中的颜色相一致。如图 2-25 所示，要设置前景色和主图商品颜色一致，便会用到吸管。其操作流程为先在工具箱中选择吸管工具，然后将鼠标指针移至图像窗口，并在取色位置处单击，即可提取该处颜色为当前前景色；如果在操作过程中按住 Alt 键并单击取色位置，则所提取的颜色为当前背景色。

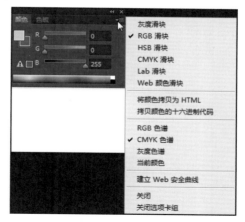

图 2-23　拖动滑块调整颜色　　　　　　　　图 2-24　选择设置颜色方式

图 2-25　吸管吸取设置前景色

2.2.7　课堂案例：置入双肩包图像

步骤 1：启动 Photoshop 软件，选择本章节的素材文件夹 2.2 中的"背景 .jpg"，将其打开，如图 2-26 所示。

步骤 2：执行"文件"→"置入"命令，打开"置入"的对话框，选择要置入的文件，如图 2-27 所示。

步骤 3：单击"置入"按钮，将素材置入背景图，按下 Ctrl+T 组合键，对其进行自由变换，调整合适大小后，按 Enter 键确认，如图 2-28 所示。

图 2-26　打开背景

图 2-27　选择置入的文件

图 2-28　完成置入

课堂案例：置
入双肩包图像

▶▶▶ 拓展实训

　　应用所学内容创建一个新的文档并进行保存。将文档名称修改为网店美工，文件大小为 210mm×297mm，分辨率为 72 像素／英寸，颜色模式为 RGB，背景内容为白色，保存格式为 JPEG 格式，保存到计算机 D 盘。

| 第3章 |

商品图片拍摄

 章节目标

知识目标：（1）了解商品图片拍摄的前期准备内容。

（2）熟悉商品拍摄的基础知识。

（3）掌握摄影的基本构图方式。

技能目标：（1）能够熟知商品图片拍摄的基础知识。

（2）能够独立完成商品图片的拍摄。

 学习重点、难点

学习重点：商品图片拍摄的前期准备和基础知识。

学习难点：摄影基本构图。

思政导学

通过本章的学习，使读者对商品图片拍摄有较为全面的认识，在商品拍摄前期准备中引导读者树立正确的价值观，选择对的而不是贵的；在讲解商品拍摄的基础知识和图片构图方式中引导读者的创造性、艺术性及科学辩证统一的认识，提高读者对艺术与生活的感知力和提炼水平，树立艺术为人民大众服务的使命感和责任感。

电子商务最大的优势是消费者可以在足不出户的情况下，以网络平台完成购物，但顾客却无法实际感受商品，只能通过商品的图片或说明来了解商品。商品图片的拍摄是商品展示的基础，高品质的图片能够为商品的展示增光添彩，快速吸引并打动顾客。由于商品的材质、外形、功能、颜色等各不相同，为保证图片在美观的同时展示出不同商品各自的特点，就需要网店美工了解摄影器材的选择与使用、常规布景等一些拍摄期准备工作；掌握商品拍摄基础知识，包括商品图片拍摄分类、商品图片拍摄要求、商品图片拍摄流程、商品图片拍摄技巧等；熟悉图片的基本构图方式，主要有直线型与曲线型构图、几何型构图、对称型与均衡型构图、散点型与辐射型构图和黄金分割法构图等。

3.1 商品拍摄前期准备

3.1.1 摄影器材选择与使用

拍摄商品图片的摄影器材的不二之选便是数码单反相机，以其强大的性能和广泛的应用范围深受网店美工设计者的喜欢。下面对数码单反相机进行具体介绍，以帮助网店美工设计新手选择一台得心应手的数码单反相机。

摄影器材选择
与使用

1. 数码单反相机

数码单反相机又称单镜头反光相机，属于数码相机中的高端产品，如图 3-1 所示。数码单反相机是指用单镜头，并且光线通过此镜头照射到反光镜上，通过反光取景的相机。所谓"单镜头"，是指摄影曝光光路和取景光路共用一个镜头，不像旁轴相机或者双反相机那样取景光路有独立镜头。"反光"是指相机内一块平面反光镜将两个光路分开。用数码单反相机拍摄出来的照片，无论是清晰度还是照片质量，都是最佳的。数码单反相机可以任意更换各种广角镜头、变焦距镜头等配套设施，具

图 3-1　数码单反相机

有很强的扩展性。其缺点是机身重、不便携带、操作复杂、价格不菲等。

2. 数码单反相机的选购要素

像素是衡量数码相机质量的重要标准，但不是唯一标准。数码相机具体能够生成多大尺寸的照片即我们通常所说的"百万像素"或者"千万像素"，高像素商品图片可以获得更多的画面细节，便于后期图像裁剪。但也会因为图片过大，导致计算机后期处理压力变大。对于商品图片拍摄所选用的数码相机不是非要购买价格最贵的，而是要选择最合理的。最重要的选购要素有以下 5 个方面。

（1）感光元件如图 3-2 所示。数码相机是利用感光元件产生数码照片的，因此感光元件的尺寸大小是决定照片成像质量的关键。感光元件又叫图像传感器，其尺寸越大，成像越大，感光性越好。同等条件下，大的感光元件能记录更多的图像细节，各像素间的干扰较小，成像质量较好。越专业的单反相机，感光元件的尺寸越大。

（2）数码相机的模式拨盘，如图 3-3 所示。数码相机有全自动模式、程序自动曝光（P）模式、光圈优选自动曝光（A 或 Av）模式、快门优选自动曝光（S 或 Tv）模式、手动曝光（M）模式等数种场景模式，为使商品图片更清晰、更真实、更完美地展现出来，在进行商品图片拍摄时要选择有全手动设置功能的数码相机，这样在进行拍照时可以手动任意设置光圈大小、快门速度和感光度等拍摄参数，从而灵活地对光线进行控制。

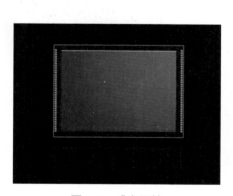

图 3-2 感光元件

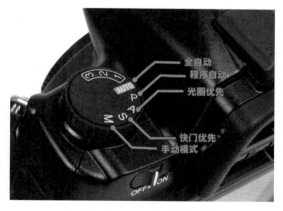

图 3-3 数码相机的模式拨盘

（3）微距功能和热靴插槽在微距功能表盘上有一个小花形状的图标，调到这个位置可以拍摄近距离的物体，如图 3-4 所示。例如，要突出拉链、针脚等体积较小的商品的款式和工艺特写就需要近距离拍摄，因此在选购数码相机时要选择带有微距功能的照相机。

（4）热靴插槽。位于数码相机机身顶部用于连接各种外置附件的一个固定接口槽称为热靴插槽，如图 3-5 所示，其主要作用是安装使用外置闪光灯。因为数码单反相机内置闪光灯的闪光指数较低，使用起来灵活度也不够，这就需要借助热靴插槽来外接闪光灯，所以，用于商品图片拍摄的热靴插槽是必备的。

图 3-4　微距功能图标　　　　　　　　　　　　图 3-5　热靴插槽

（5）可更换镜头。当拍摄场景过大时或希望将拍摄商品放大一些时，使用一般的镜头无法拍下所有场景或出现图像变形，这就需要更换广角性能较好的镜头和微距镜头，以达到想要的效果，所以要选择可更换镜头的数码单反相机。

3.1.2　辅助摄影器材

1. 遮光罩

遮光罩是安装在摄影镜头、数码相机以及摄像机前端，遮挡有害光的装置，也是最常用的摄影附件之一，如图 3-6 所示。遮光罩有金属、硬塑、软胶等多种材质。大多数 135 镜头都标配遮光罩，有些镜头则需要另外购买。不同镜头所用的遮光罩型号是不同的，并且不能相互换着使用。遮光罩不仅可以挡住多余的光线，还可以起到保护镜头的作用，当不小心把镜头摔到地上时，遮光罩有助于减少相机因跌撞而产生的损害，因此遮光罩对于可见光镜头来说是一个不可缺少的附件。使用遮光罩既可以有效提高画质，也是一种良好的职业习惯。

图 3-6　遮光罩

2. 三脚架

为达到某些摄影效果，多使用三脚架来稳定照相机，如图 3-7 所示。三脚架按照材质分类可以分为木质、高强塑料材质、铝合金材料、钢铁材料、火山石、碳纤维等多种。

人们在使用数码相机拍照时往往忽视了三脚架的重要性，实际上照片拍摄往往都离不开三脚架的帮助，比如星轨拍摄、流水拍摄、夜景拍摄、微距拍摄等。三脚架的作用无论是对于业余用户还是专业用户都是不可忽视的。最常见的就是在长时间曝光中使用三脚架，用户如果要拍摄夜景或者带涌动轨迹的图片，就需要更长的曝光时间，这时，要想相机不抖动，就需要三脚架的帮助。所以，选择三脚架的第一个要素就是其稳定性。

3. 快门线

顾名思义，快门线是用来控制快门的遥控线，如图 3-8 所示，大概十几到几十厘米长，可远距离控制拍照、曝光、连拍。一般市场上常见的快门线有机械快门线、电子快门线、高端专用快门线等。不管是传统或是数字摄影者，或多或少都会遇到因为按下快门的瞬间力道过大导致相机震动、歪斜的情况，破坏画面的完整性，降低照片质量。避免此种情况发生的好办法就是应用"快门线"，它可以控制相机拍照而防止接触相机表面导致震动，防止破坏画面的完整性。

4. 静物台

简单地说，静物摄影台其实就是个摆放物件的台子。主要用来拍摄小型静物商品，可以从最佳的拍摄角度使商品展现出最佳的外观效果。静物台有平板式和无接缝台式两种，有的平板式静物台最上一层是玻璃，中间有一块反光镜，可以调整反射角度，以便于从侧面打光，经镜面折射成为底部透射光。无接缝式静物台的台面是一块乳白色的有机玻璃，台的一侧可以向上竖起，构成无接缝背景效果，有大型和微型等不同体积，可根据被摄物的大小选择使用，如图 3-9 所示。

图 3-7　三脚架

图 3-8　快门线

图 3-9　静物台

5. 柔光箱

柔光箱是摄影器材，如图 3-10 所示。它不能单独使用，属于影室灯的附件。柔光箱装在影室灯上，使发出的光更柔和，拍摄时能消除照片上的光斑和阴影。其作用是柔化生硬的光线，使光线变得更加柔和，其原理是在普通光源的基础上通过一两层的扩散，使原有光线的照射范围变得更广，光线更加均匀、柔和，同时挡住干扰光，最大限度地避免阴影的产生。柔光箱由反光布、柔光布、钢丝架、卡口组成。柔光箱结构多样，常规的柔光箱有方形、似封口漏底的斗形。另有八角形、伞形、立柱形、条形等多种结构。柔光箱有大小不同的各种规格，小到 40 厘米，大到 2 米有余。还有搭配外置闪光灯用的超小柔光箱，只有几厘米大小。柔光箱有各种形式的卡口，可以适配各种不同的影室灯。还有万用卡口柔光箱，可以在任何影室灯上使用。柔光箱可拆卸折叠，折叠以后方便包装和运输，使用时要打开撑起。然后再安装在影室灯前方，让影室灯发出的光从柔光箱透射出来。

6. 闪光灯

闪光灯可以在很短的时间内发出很强的光线，是照相感光的摄影配件，多用于光线较暗的场合瞬间照明，也用于光线较亮的场合给被拍摄对象局部补光。闪光灯外形小巧，使用安全，携带方便，性能稳定。闪光灯可分为内置闪光灯、机顶闪光灯和影棚闪光灯三种。闪光灯是一种补光设备，它可以保证在昏暗情况下拍摄画面的清晰明亮；在户外拍摄时，闪光灯还可用作辅助光源，用来强调皮肤的色调；还可以根据摄影师的要求布置特殊效果，如图 3-11 所示。

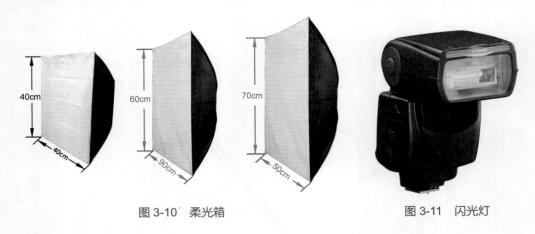

图 3-10 柔光箱   图 3-11 闪光灯

7. 反光板

反光板是拍摄中的补光设备，尤其是使用阳光作为主要光源时，反光板必不可少，如图 3-12 所示。使用反光板进行补光时光线柔和，不会产生闪光灯补光所带来的尖锐感；可以让平淡的画面更加饱满、有立体感，体现良好的质感，并且可以折射部分光线，将需要突出的细节部分拍摄得更加清晰。反光板的尺寸越大，反光面积越大，反光就越充分，补光效果就越明显。反光板可以折叠、拆开，具有良好的携带性。

常用的反光板类型有四种：白色、银色、金色和黑色。白色反光板反射的光线非常微妙。由于它的反光性能不是很强，所以其效果显得柔和而自然。需要稍微加一点光时，使用这种反光板可以对阴影部位的细节进行补光。这种情况经常在使用类似窗户光照明时使用，可以让阴影部位的细节更多一点。银色反光板是最常用的一种反光板。这种反光板的效果很容易在被摄者眼睛里映现出来，从而产生一种大而明亮的眼神光。当阴天和光线主要从被摄者头上方射过来时使用，直接放在被摄者的脸下方，让它刚好在相机视场之外，把顶光反射到被摄者脸上。在阴天的光线条件下，白色反光板就不具备如此强的作用。在日光条件下使用金色反光板补光。与银色反光板一样，它像光滑的镜子似的反射光线，但是与冷调的银色反光板相反，它产生的光线色调较暖。金色反光板更常用作主光。在明亮的阳光下拍摄逆光人像，并从侧面和稍高处把光线反射到被摄者的脸上。用这种反光板有两个作用：一是可以得到能照射到被摄者脸上的定向光线，并且还能使被摄者脸部的曝光增加一档；二是可以减少从背景到前景的曝光差别，这样不会使背景严重地曝光过度。黑色反光板与众不同是因为从技术上讲它并不是反光板，而是"减光板"或称为"吸光板"。使用其他反光板是根据加光法工作的，其目的是为景物添加光量，而使用黑色反光板则是运用减光法来减少光量。

8. 反光伞

反光伞是一种专用反光工具，且有不同的颜色。其中，银色和白色的伞面，不改变闪光灯光线的色温；金色的伞面，可以使闪光灯光线的色温适当降低；蓝色的伞面，能够使闪光灯光线的色温适当提高。在闪光摄影中，最常采用的反光伞大多是白色或银色的。使用时，将伞安置在可以变换角度的云台上，用强光灯照射伞内，散射出的光线很柔和，阴影也淡，是理想的光源。拍人像特写时，不受强光的刺激，最适合于拍摄人像和静物，如图 3-13 所示。

9. 背景纸（布）

背景纸（布）用于拍摄各种物体，如图 3-14 所示，其作用是给所拍摄的物体背面加上背景，同时可避免反光影响照片的效果。背景纸（布）可以是白色的，如拍大头像时，也可以是其他颜色或是风景等，这要看拍摄所需了，不宜太花哨，不能喧宾夺主，要简洁。背景纸（布）主要分两种：一种是纸张；另一种是布匹。

图 3-12　反光板　　　　　图 3-13　反光伞　　　　　图 3-14　背景纸（布）

3.1.3　商品布景

网店美工设计者在进行商品图片拍摄时不仅需要考虑摄影的器材，还要对商品本身进行布景，以达到更好的拍摄效果。商品布景包括以下四个方面。

1. 商品的清洁

为保障商品能够在镜头下完全展示其真实面目，在进行商品图片拍摄时要对商品进行清洁。

2. 商品的摆放

不同的商品要选择不同的拍摄角度，不是所有的商品都从正面拍摄才好看，因此要从最能体现商品美感和特色的角度进行拍摄。电商美工在进行商品摆放时要通过二次设计来美化商品的外部曲线，既要考虑造型的美感，疏密相间，又要体现构图的合理性，不失节奏与韵律感。

3. 环境的构建

由于不同商品的大小与类型不同，其拍摄环境也存在差异。小件商品适合在较为单纯的环境里进行拍摄，尽量采用白色或纯色的背景。影棚可选用微型摄影棚，既可以减少布景的麻烦，又可以突出商品，如图 3-15 所示。大件商品进行室内拍摄时，同样要选择简洁的单一背景，图片中最好不要出现其他不相关的物体。既要考虑摄影场地的面积、灯光等要求，还要准备柔光箱、三脚架和反光板等摄影器材。大件商品进行外景拍摄时，多选择风景优美的环境作为背景，还要用反光板对自然光进行补光，这样拍摄的照片才能形成商品的个性特色和风格，如图 3-16 所示。

图 3-15　微型摄影棚

4. 常见的布光

拍摄场景构建好之后，还需要对光线进行构思设计，也就是我们常说的布光。布光一般包括正面两侧布光、两侧 45° 角布光、单侧 45° 不均衡布光、前后交叉布光和后方布光五种方式。在进行商品拍摄时，根据需要对布光进行选择，如要体现较强的立体感和具有一定高度的商品就可选择单侧 45° 角不均衡布光方式，如图 3-17 所示。

图 3-16　大件商品外景拍摄环境

图 3-17　单侧 45° 角不均衡布光

3.1.4　课堂案例：制作简单的拍摄道具

图 3-18　自制静物台

静物台就是一个摆放物件的台子，任何可以用来拍摄的台面都可以当作静物台。请同学们收集生活中废弃的纸箱，使用剪刀、尺子、胶水和美工刀等工具去掉顶面、一个侧面，用剩下的四面作为框架，并且贴上白纸，就可以制成小型静物台了。根据拍摄的需要还可用家用台灯进行补光，如图 3-18 所示。

3.2　商品拍摄基础知识

3.2.1　商品图片拍摄分类

1. 拍摄角度

（1）高度：拍摄高度可分为平拍、仰拍和俯拍三种。平拍是摄影（像）机与被摄对象处于同一水平线的一种拍摄角度。多从正面、侧面、斜面三个角度入手，正面拍摄可以真实地反映物体正面形象；侧面拍摄有利于勾勒对象的侧面轮廓；斜面拍摄给人以鲜明的立体感。仰拍是指摄影（像）机从低处向上拍摄。仰拍适于拍摄高处或大型商品，能够使景物或商品显得更加高大雄伟。俯拍与仰拍相反，摄影（像）机由高处向下拍摄，给人以低头俯视的感觉。俯拍镜头视野开阔，用来表现浩大的场景，有其独到之处。

（2）方向：拍摄方向包括正面角度、侧面角度、斜侧角度、背面角度等。正面角度是指与被摄对象正面成垂直角度的拍摄位置，主要表现某对象的正面具有典型性的形象。斜侧角度是指偏离正面角度，或左、或右环绕对象移动到侧面角度之间的拍摄位置。侧面角度一般是指与被摄对象侧面成垂直角度的拍摄位置，主要表现某些对象的侧面具有典型性的形象。背面角度方向在商品拍摄中虽不常见，但同样占有重要位置，商品背面拍摄可以更详细地展示商品信息。

（3）距离：拍摄距离是决定景别的元素之一，是指相机和被摄体间的距离。在使用同一焦距的镜头时，相机与被摄体之间的距离越近，相机能拍摄到的范围就越小，主体在画面中占据的位置也就越大；反之，拍摄范围越大，主体显得越小。通常根据选取画面的大小、远近，可以把图片显示内容分为特写、近景、中景、全景和远景，如图 3-19 所示。

特写　近景

中景

全景

远景

图 3-19　图片特写、近景、中景、全景和远景

2. 拍摄手法

商品拍摄有时以视频的方式出现，这时可采用摄像机前移或变焦的方法进行推镜头拍摄；将摄像机固定在移动的物体上作各个方向的移动来实现不动的物体的移镜头拍摄；在拍摄过程中找到兴趣点，然后跟随目标进行拍摄的跟拍法；不固定摄像机机位，借助于三角架上的活动底盘或拍摄者自身作支点，变动摄像机光学镜头轴线的摇镜头拍摄方法等。

3. 拍摄材质

由于不同材质对光线的吸收和反射不同，所以在进行不同商品图片拍摄时，应当调整拍摄手法。木制品、纺织品、食品等大部分商品都属于吸光类商品，吸光类商品由于其表面粗糙、不光滑而不能对光线形成镜面反射，也不会形成完整的明暗层次，因此掌握吸光物体的特点和布光方式尤为重要。例如，拍摄皮制品时，可以使用更硬的直射光线直接进行照明，这样其表面的材质就会产生细小的投影，凸凹的肌理质感也能够表现出来，若光线的顺光过散过柔，商品的质感就会弱化，如图 3-20 所示。银器、不锈钢制品、陶瓷制品等商品表面光滑，具有很强的光线反射能力，在拍摄时不会出现柔和的明暗过

图 3-20　吸光类商品

渡现象，称这类商品为反光类商品。由反光类商品的特点决定，在进行这类商品拍摄时要加入灰色或黑色的反光板在物体旁边，使物体反射出这些光板的颜色，来增加物体的厚实感，从而改善商品的表现效果。或采用大面积照射光，并尽量靠近物体，可有效避免"黑白分明"的反差效果，使其显示出明亮光洁的质感，如图 3-21 所示。透明类商品多指玻璃制品、水晶制品和透明的塑料制品等。这类商品因其光线可以穿透内部，所以通透性和对光线的反射能力较强。这时要表现商品玲珑剔透的感觉，就要在光线上选择侧光、逆光和底部光等。若在黑色背景下拍摄透明类商品，光线应该与被拍摄商品分离。若拍摄盛有液体或透明物的透明商品，可在背面贴上与外观相符的白纸，对原有色彩进行衬托，来体现色彩原有的纯度，如图 3-22 所示。

图 3-21 反光类商品

图 3-22 透明类商品

3.2.2　商品图片拍摄要求

商品图片的品质是吸引顾客单击和购买的重要因素，因此，要获得优质的商品图片，在进行商品拍摄时要符合以下 4 个要求。

1. 干净清晰的主体

商品图片画面一般由主体、背景和道具组成。背景和道具可以适当进行模糊或虚化处理，来提升画面层次感，但主体一定要清晰、干净，要带给人一种美的感受，从而彰显商品的质感，如图 3-23 所示。

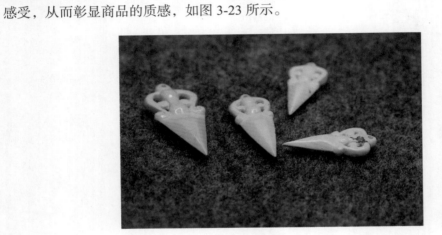

图 3-23　干净清晰的主体

2. 颜色美观的画面

商品图片的颜色一定要与主体颜色相符，和谐统一。颜色美观的商品图片更能引起顾客的注意，激发顾客的购买欲望。如图 3-24 所示。

图 3-24　颜色美观的画面

3. 搭配正确的背景

在拍摄商品图片时，除了使用较为保险的无彩色作为背景色外，更多时候可根据商品的风格与特征选择适合的背景颜色，以便更好地衬托商品，如图 3-25 所示。

4. 多角度展示的细节

顾客总是希望可以详细全面地了解商品，他们会将在电商平台中的图片局部放大来判断该商品的质量和功能特点，因此多角度展示是商品图片拍摄必不可少的部分，可用这些商品图片的展示来消除其在质量方面的疑虑，从商品的细微之处建立起顾客对商品的信任，如图 3-26 所示。

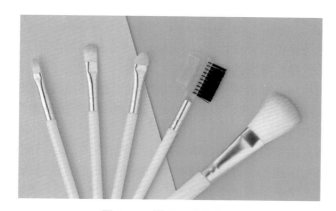

图 3-25　搭配正确的背景

图 3-26　多角度展示的细节

3.2.3　商品图片拍摄流程

网店美工在拍摄商品图片时，需要精心策划和准备，按照一定的流程进行拍摄，才能保证拍摄出高质量的商品图片。

1. 拍摄前

商品图片拍摄前，需要做大量的准备工作，最重要的是要全面了解商品、确定拍摄风格、制订拍摄方案、厘清拍摄顺序、备齐拍摄器材等，然后根据拍摄规划来进行拍摄，以便准确把握拍摄的时间进度，使拍摄工作更加清晰明确。

2. 拍摄中

准备工作结束后就可以进行商品拍摄了，过程中需要注意对环境的布光、商品构图与搭配进行精心的设计。

3. 拍摄后

商品图片拍摄完成后，需要上传至计算机，然后借助专业的图片处理软件对美中不足的地方进行修改和完善，污点修复、曝光修正、偏色校正、饱和度调整、图片清晰度调整等。需要注意的是，所有的后期处理都要在保证图片中展示商品的真实性的前提下进行，还可以为商品图片添加水印，防止被其他商家盗用。

3.2.4 商品图片拍摄技巧

在浏览网站图片时可以发现，一张高品质的商品图片无论是商品摆放位置还是搭配的参照物，或者拍摄视角，都有独特的构图和布局。因此为了使拍摄出来的图片更加能引起顾客的注意，激起购买欲望，网店美工必须掌握商品图片拍摄技巧。

1. 商品摆放技巧

在进行商品图片拍摄之前，网店美工可以先设计商品的摆放位置，同样的商品，摆放方式不同，可以呈现出不同的视觉效果。常用的有以下4种方法。

（1）精选角度摆放是指在拍摄前找到一种最能体现商品性能与价值的角度进行摆放拍摄，除常见的正面、侧面和平视等角度外，还可以摆放20°角、30°角等精选角度，比较全面地展现商品的特点，如图3-27所示。

（2）错落摆放是指在进行商品图片拍摄时，在不影响整体造型的情况下，尽可能地将商品错落有致地摆放，避免造型呆板。例如，可以采用有序和疏密相间的方式进行摆放，这样拍摄的商品图片既饱满丰富，又有节奏感与韵律感，如图3-28所示。

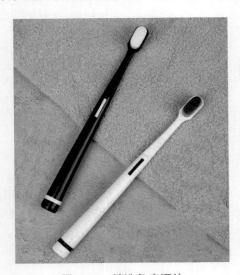
图 3-27　精选角度摆放

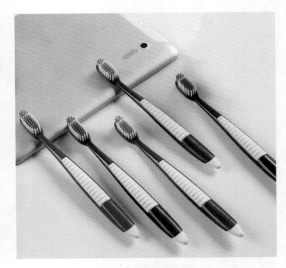
图 3-28　错落摆放

（3）巧用道具摆放是指在进行商品图片拍摄时巧妙地搭配道具，可以丰富画面、烘托主题，使商品摆放效果更加美观，如图3-29所示。

（4）搭配包装盒摆放是指进行商品图片拍摄时，可以将商品与包装盒组合在一起进行拍摄，这样不仅更完整地展示商品信息，提升商品表现力，还增强了商品的立体效果，提升画面感，同时精美的包装也会提升顾客对商品的喜爱度，如图3-30所示。

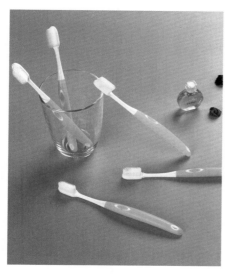

图 3-29　巧用道具摆放

图 3-30　搭配包装盒摆放

2. 巧用拍摄视角技巧

常用的拍摄视角有平视、仰视、俯视、垂直角度和微距等，每一种视角都有其特点和优势，网店美工要了解和熟悉不同视角的拍摄技巧，根据不同商品进行选择。

平视是指被拍摄商品与相机在同一水平线上，其特点是方便、顺手，其优点是不易产生变形，如图 3-31 所示。

仰视是指相机的位置低于被拍摄商品，其优点是让观赏者有高大的视觉效果，如图 3-32 所示。

图 3-31　平视拍摄

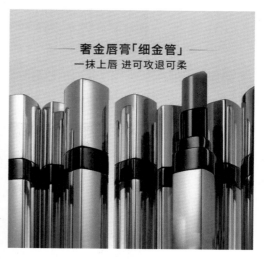

图 3-32　仰视拍摄

俯视是指相机位置高于被拍摄的商品，多用于画面物品较多的大场景，其优点是可以将种类繁多的商品一眼尽收，如图 3-33 所示。

图 3-33　俯视拍摄

　　垂直角度是指拍摄方向与地面垂直，从被拍摄商品的上方自上而下进行拍摄，其优点是可以给人带来强烈的视觉冲击力，常用于美食摄影，如图 3-34 所示。

图 3-34　垂直角度拍摄

　　微距是指图片与原实物的比例大于 1∶1，大于原实物的照片可以很好地展示商品的细节，其优点是适用于细小的商品，可以让买家有直观的认识，如图 3-35 所示。

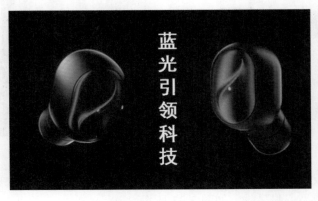

图 3-35　微距拍摄

3.2.5　课堂案例：逆光拍摄透明液体

如图 3-36 所示，拍摄盛有液体的玻璃器皿，要注意采用小光圈来突出整个物体的形态，要用简洁的背景来突出商品主体，背景色调也要和主体色调接近，这样才能打造和谐、舒服的感觉。而逆光的运用是为了使玻璃杯更具立体感，更好地表现商品透明的质感。

图 3-36　逆光透明器皿

3.3　摄影基本构图方式

商品拍摄过程中，通常要将商品与环境结合起来组成一个协调的画面，合理的构图能够使商品更具感染力，网店美工常用构图有以下几种。

3.3.1　直线型与 S 曲线型构图

线条式构图结构清晰，画面简洁、直接，可以很直观地表达商品的特点。

直线型与 S 曲线型构图

1. 直线型构图

直线型构图可以分为水平线构图、竖线构图和斜线构图三种情况。水平线构图可以给人宁静、宽广、稳定和可靠的感觉。一般情况下，水平线构图采用多条水平线组合方式，避开一条线直接从中间穿过的情况，如图 3-37 所示。竖线构图指商品呈竖向放置或竖向排列的构图，在表现商品高挑的同时，画面呈现庄严、坚强、有力的感觉，表现方法中还可以透视的方式体现，如图 3-38 所示。斜线构图是将商品进行斜向摆放，其特点是富有动感和失衡效果，让画面更有运动趋势，吸引买家的注意力，如图 3-39 所示。

2. S 曲线型构图

S 曲线型构图是一种基本的经典构图方式。画面上的景物成 S 形曲线的方式分布，特点是优美柔和，可以起到引导观众视线的作用，常用于女性电商网站或甜品网站，如图 3-40 所示。

图 3-37　水平线构图

图 3-38　竖线构图

图 3-39　斜线构图

图 3-40　S 曲线型构图

3.3.2　几何型构图

几何型构图包括三角形构图和圆形构图。三角形构图可以给人持久、稳定和向上的感觉，这样摆放的商品构图可以让买家有正直、高大的感觉，如图 3-41 所示。圆形构图是把商品安排在画面中央，圆心是视觉中心，给人团结一致的感觉，毫无松散之态，如图 3-42 所示。

图 3-41　三角形构图

图 3-42　圆形构图

3.3.3　对称型与均衡型构图

对称型构图是一种利用景物的对称关系构建画面的构图方法。采用对称型构图拍摄的照片，往往具有平衡、稳定的视觉效果。而在使用对称式构图时，拍摄者既可以拍摄那些本身即具有对称结构的景物，还可以借助于玻璃、水面等物体的反光、倒影来实现对称效果，如图 3-43 所示。非左右对称的构图也可以实现平衡感，这就是均衡型构图。

与对称型构图的平衡构图相比，均衡型构图是一种充满动感的构图，它可以在静止的照片上营造出运动的错觉感，如图 3-44 所示。

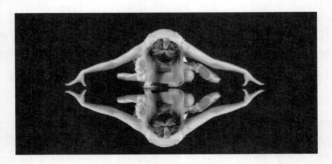

图 3-43　对称型构图

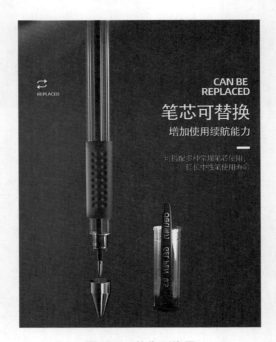

图 3-44　均衡型构图

3.3.4　散点型与辐射型构图

散点型构图是指将一定数量的元素重复散布在画面上的构图方法。其特点是具有节奏感和气势。同时通过散点分布的被摄体与简洁背景之间的繁简对比，可以进一步增强画面的视觉张力，多用于表现食品、玩具类电商网站，如图 3-45 所示。以主体为核心，景物向四周扩散辐射的构图方法叫作辐射型构图，采用此构图方式可使人的注意力集中到画面主体上，又有开阔、舒展、扩散的作用，常用于需要突出主体而现场又比较复杂的场合，如图 3-46 所示。

图 3-45　散点型构图

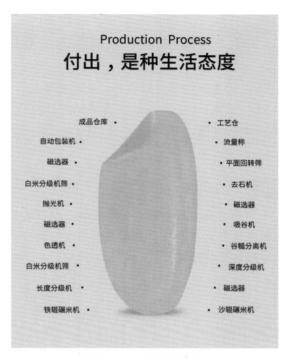

图 3-46　辐射型构图

3.3.5　黄金分割法构图

黄金分割法构图的画面比例通常为 1∶0.618，采用这种比例设计出的商品造型十分美观，在商品构图中常常用到，在美化画面的同时，更可以吸引顾客，如图 3-47 所示。

图 3-47　黄金分割法构图

3.3.6　课堂案例：以瓷器为主要内容进行黄金分割法构图设计

收集和整理瓷器图片，美化处理后，以黄金分割法进行二次构图，要求文件尺寸为 A4 大小，横版，要体现瓷器的特点与美感，让画面更具艺术性、和谐性和美学价值。

▶▶▶ 拓展实训

网店准备上架新的耳钉等首饰，现在请你根据所学内容去商城挑选物美价廉的单反相机来进行商品拍摄。要求自制小型静物台，独立设置光源，拍摄可以体现商品特点和细节的网店装修图片。

第4章

商品图片处理

 章节目标

知识目标: (1)熟悉图片裁剪处理的方法。

(2)掌握图片背景更换处理的方法。

(3)掌握图片美化处理的方法。

(4)掌握图片调色处理的方法。

(5)掌握图片文字处理的方法。

技能目标: (1)能够熟练进行商品图片裁剪与更换背景处理。

(2)能够独立进行商品图片美化、图片调色、图片文字处理。

 学习重点、难点

学习重点: 商品图片美化处理。

学习难点: 商品图片调色处理。

通过本章的学习，使读者掌握图片裁剪处理、图片背景更换处理等方法，同时培养读者严谨的作图精神，提升解决实际问题的能力，在实际操作中通过商品的图片内容和商品的使用范围增强民族自信，帮助读者塑造良好的人生观，树立远大理想，坚定提升专业能力的信念。

商品图片拍摄完成后，可能会存在图片尺寸不合适、商品图片背景不合理、商品图片色彩不尽如人意、图片文字无特点、商品本身存在污渍或者技术等外因导致图片模糊不清等各种问题，严重影响商品形象和图片的美观。为解决这些问题，让商品图片展示出独特的视觉效果，进一步提高商品图片的美观度，更加吸引顾客的注意力，专门用于图形图像处理的软件 Photoshop 发挥着巨大的作用，处理后的商品图片更加美观、直击顾客的眼球，可直接用于互联网店铺装修与店面美化。本章将以 Photoshop 为载体对商品图片的多方面处理进行具体介绍，包括商品图片裁剪处理、商品图片背景更换处理、商品图片美化处理、商品图片调色处理、商品图片文字处理等。

4.1　图片裁剪处理

拍摄完成的商品图片由于使用情况的不同，所以需要的尺寸大小和角度也各不相同，此时就要对拍摄的商品图片进行裁剪调整处理。

4.1.1　裁剪商品图像范围

网店美工在进行商品图片处理时，经常遇到商品图片构图不符合实际需要，或者只需要使用商品图片某一部分的情况，这时就需要对商品图片进行裁剪，使图像范围符合要求。

1. 固定比例裁剪图片

在制作商品图片时，经常需要将商品图片裁剪为某个固定比例或尺寸，为网店装修积累合适的素材，下面从固定比例裁剪图片说起。

步骤 1：启动 Photoshop 软件，选择本章节的素材文件夹 4.1 中的"美妆 .jpg"图片，将其打开，如图 4-1 所示。

步骤 2：在工具箱中选择"裁剪工具"，如图 4-2 所示，在工具属性栏的"预设长宽比或裁剪尺寸"下拉列表中选择"2∶3（4∶6）"选项，如图 4-3 所示，再单击高度和宽度互换按钮，改变比例方向。

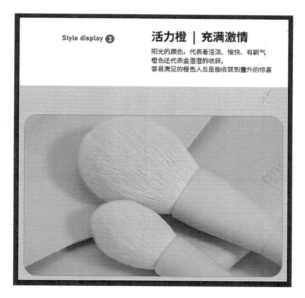

图 4-1　打开素材

图 4-2　裁剪工具

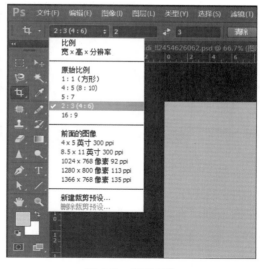

图 4-3　设置参数

　　步骤 3：应用鼠标拖曳的方式调整裁剪框的位置和大小，设置商品图片保留部分，如图 4-4 所示。这里需要注意的是，由于之前设置了固定比例，所以调整裁剪框任意边线，保留部分的比例都不变。按 Enter 键，即完成符合要求的裁剪，如图 4-5 所示。

2. 裁剪细节图片

　　一款商品能否在第一时间吸引买家的注意，商品细节是最主要的因素之一。大量的细节图片是全方位表现商品外观和性能的最好方法。高清晰、高品质的图片，可直接放大后用裁剪工具进行处理。如果图片质量不佳，建议使用单反相机的微距功能进行特写拍照。

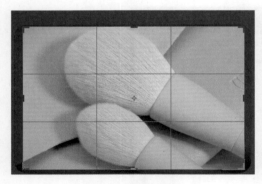
图 4-4 裁剪保留部分

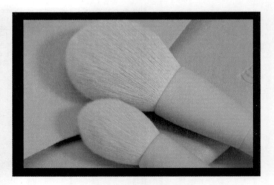
图 4-5 固定比例裁剪图片

步骤 1：启动 Photoshop 软件，选择本章节的素材文件夹 4.1 中的"樱桃水果壁纸 .jpg"图片，将其打开，如图 4-6 所示。

步骤 2：选择工具箱中的"裁剪工具"裁剪，这时编辑区域内的商品图像会出现 8 个控制点用于确认裁剪区域，按住 Alt 键不放并拖动控制点来确认裁剪区域，如图 4-7 所示。

图 4-6 打开素材

图 4-7 确认裁剪区域

步骤 3：确定区域后，按下 Enter 键即完成裁剪细节图片，如图 4-8 所示。若不使用 Enter 键，则可在确定区域后，在工具箱中切换任意一个工具，会弹出裁剪对话框，如图 4-9 所示。单击"裁剪"按钮，同样可完成裁剪细节图片。

图 4-8 细节裁剪图片

图 4-9 裁剪对话框

4.1.2　变换商品图像角度

　　由于拍摄角度等问题有可能造成照片中的商品外形出现畸形，在拍摄后期的图片处理中可以应用透视裁剪工具快速解决这个问题，让照片中的商品快速恢复正常的透视效果。

　　步骤 1：启动 Photoshop 软件，选择本章节的素材文件夹 4.1 中的"衬衣 .jpg"图片，将其打开，如图 4-10 所示。我们看到该图片内容由于相机俯拍角度问题，导致外观呈梯形效果，不能很好地展示领口细节。

　　步骤 2：如图 4-11 所示，选择工具箱中的"透视裁剪工具"后，在主体衬衣处拖曳确定裁剪区域，调整左上角和右上角控制点，呈梯形状。

图 4-10　扭曲衬衣

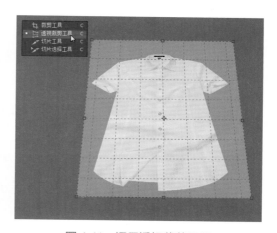

图 4-11　调用透视裁剪工具

　　步骤 3：调整后，直接按下 Enter 键，即可完成想要的图像效果，如图 4-12 所示。

图 4-12　裁剪后效果

4.1.3　矫正商品图像倾斜

步骤 1：启动 Photoshop 软件，选择本章节的素材文件夹 4.1 中的"牙刷 .jpg"图片，将其打开，如图 4-13 所示。

矫正商品图像
倾斜

图 4-13　打开素材

步骤 2：选择工具箱中的"裁剪工具"，在其工具属性栏中单击"拉直"按钮，如图 4-14 所示。

图 4-14　设置拉直

步骤 3：移动鼠标到图像窗口中，沿主体牙刷倾斜的方向拖曳鼠标，即可得到如图 4-15 所示的效果。

步骤 4：直接按下 Enter 键即可完成校正图像倾斜，如图 4-16 所示。如果对直接生成的裁剪范围不满意，也可调整裁剪框。

图 4-15　完成拉直操作

图 4-16　完成效果

4.1.4　改变商品图像大小

在网店装修中，经常会遇到图片大小不符合要求的情况，这就需要网店美工设计者应用 Photoshop 来改变商品图片的大小以适应网店需求。

步骤 1：启动 Photoshop 软件，选择本章节的素材文件夹 4.1 中的"叶子 .jpg"图片，将其打开，如图 4-17 所示。

图 4-17　原图

步骤 2：执行"图像"→"图像大小"命令，打开"图像大小"对话框，如图 4-18 所示。更改对话框中宽度和高度的值，即可更改图片的大小，结果如图 4-19 所示。

图 4-18　"图像大小"对话框

图 4-19　图像变小效果

4.1.5　课堂案例：将图像裁剪为平面图

步骤 1：启动 Photoshop 软件，选择本章节的素材文件夹 4.1 中的"广告牌 .jpg"图片，将其打开，如图 4-20 所示。

图 4-20　广告牌

步骤 2：选择工具箱中的"透视裁剪工具"，在图上托曳出一个裁剪框，并调整裁剪框上的 4 个控制点，使其内部包含整个广告牌中的宣传内容，如图 4-21 所示。

图 4-21　设置裁剪范围

步骤 3：按下 Enter 键确认裁剪操作，软件自动校正透视效果，使其成为平面图，效果如图 4-22 所示。

图 4-22 平面效果

4.2 图片背景更换处理

在网店装修中，抠图是一项很常见的图像操作，就是将商品图像从背景中分离出来，以便更加自由地进行图像合成和设计。更换背景的抠图方法有很多，每种方法的适用范围也不同，下面将详细介绍 5 种常用的方法。

4.2.1 快速抠取商品图片

电商美工设计者在处理商品图片时，如果背景是纯色或单色，且商品颜色与背景颜色差异很大时，可以应用 Photoshop 中的快速选择工具和魔棒工具将商品图片的主体快速抠取出来。下面以快速选择工具为例进行演示。我们可以像使用画笔绘画一样应用快速选择工具快速绘制选区，选区会随着鼠标的拖动向外扩展自动查找和跟随图像的边缘，若在选项栏中勾选"自动增强"复选框，可以减少选区边界的粗糙度和块效应，被抠选内容的边缘可自动进行调整。

快速抠取商品图片

步骤 1：启动 Photoshop 软件，选择本章节的素材文件夹 4.2 中的"T 恤 .jpg"图片，将其打开，如图 4-23 所示。

步骤 2：选择工具箱中的"快速选择工具"，在其选项栏中设置各项参数，如图 4-24 所示。

步骤 3：以服装的任意位置为落点，单击并拖动鼠标，系统会根据鼠标拖过的范围自动创建选区，直至将整个 T 恤选中，如图 4-25 所示。

步骤 4：按下 Ctrl+J 组合键，将选区内的 T 恤图像复制为新图层，找到背景图层，左击前面的眼睛，隐藏背景图层，即可完成抠图操作，如图 4-26 所示。

图 4-23 T 恤

图 4-24　快速选择工具

图 4-25　绘制选区

图 4-26　完成效果

4.2.2　抠取规则商品图片

一些商品图片的主体，前后背景色分明，边界线轮廓清晰呈现规则的圆形或矩形，这时网店美工可以选择椭圆或矩形选框工具；对于边线为直线的规则商品，可选择磁性套索工具组中的多边形套索工具进行抠图，最为简单直接。

步骤 1：启动 Photoshop 软件，选择本章节的素材文件夹 4.2 中的"面膜 .jpg"图片，并将其打开，如图 4-27 所示。

步骤 2：如图 4-28 所示，在工具箱中选择"多边形套索工具"，在商品图片边缘的转角单击以确定起点，然后将光标移动到直线的另一端点转折处单击，如此使用相同的方法继续创建锚点，直至回到起点后，将出现一个小圆圈，此时

图 4-27　打开素材

单击即可完成选区创建，如图 4-29 所示。

图 4-28 选择工具

图 4-29 绘制选区

步骤 3：打开本章节的素材文件夹 4.2 中的"面膜海报背景 .jpg"图片，如图 4-30 所示，选择工具箱中的"移动工具"将抠好的商品图片拖曳到上面，调整位置后，按下快捷键 Alt 键的同时进行鼠标拖曳，生成复制的面膜图层，完成效果如图 4-31 所示。

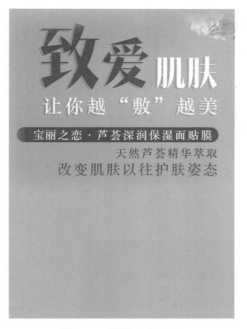

图 4-30 面膜海报背景

图 4-31 完成效果

4.2.3 抠取不规则商品图片

当商品图片主体轮廓比较复杂或者背景比较混乱，又或者商品与背景的分界线不明显时，前面所讲的方法就不太适用了，这时网店美工人员就要选择磁性套索工具或者钢笔工具来进行抠图，会更加精细。下面以制作电商汽车海报为例来介绍磁性套索工具的使用方法。

步骤 1：启动 Photoshop 软件，选择本章节的素材文件夹 4.2 中的"百变炫车 .jpg"图片，并将其打开，如图 4-32 所示。

步骤 2：如图 4-33 所示，在工具箱中选择"磁性套索工具"，在其工具属性栏中设置各项参数后，在图像窗口需要选取的汽车图像边缘任意一点确定为起点，接着沿汽车的边缘移动鼠标，在关键的转折点处可单击后再继续，Photoshop 会根据鼠标移动的轨迹自动创建带

图 4-32　打开素材

有锚点的路径，直至回到起点，双击鼠标将起点与终点位置进行合并，则完成闭合路径，即完成框选，如图 4-34 所示。

图 4-33　选择工具

图 4-34　完成框选

步骤 3：打开本章节的素材文件夹 4.2 中的"汽车海报背景 .jpg"图片，如图 4-35 所示，选择工具箱中的"移动工具"，将抠好的商品图片拖曳到上面，调整位置和合适大小后，进行保存，完成效果如图 4-36 所示。

图 4-35　汽车海报背景

图 4-36 完成效果

4.2.4 抠取带毛发商品图片

在电商平台图片处理过程中，经常会遇到人物模特、毛绒玩具、小动物等一些带有毛发的图片，可以通过复制通道的方法进行精密的抠图。下面以制作狗粮图片为例进行演示。

步骤 1：启动 Photoshop 软件，选择本章节的素材文件夹 4.2 中的"宠物狗 .jpg"图片，并将其打开，如图 4-37 所示。

步骤 2：在窗口菜单下打开通道面板，如图 4-38 所示，复制对比较为强烈的蓝色通道，并执行"图像"→"调整"→"色阶"命令，强化图片的黑白对比度。

图 4-37 打开素材

图 4-38 复制蓝色通道

步骤 3：选中"蓝 拷贝"通道，选择工具箱中的"画笔工具"，设置前景色为黑色，并在狗狗的身上涂抹，直至全部为纯黑色，如图 4-39 所示。

步骤 4：选中"蓝 拷贝"通道，执行"图像"→"调整"→"反相"命令，在窗口中可以看到狗狗的图像显示为白色，单击通道面板底部的"将通道作为选区载入"按钮，再单击 RGB 通道显示彩色图像，按下 Ctrl+J 组合键将选区内图像复制至新图层，如图 4-40 所示。

图 4-39　涂抹黑色效果

图 4-40　完成抠取

　　步骤 5：如图 4-41 所示，打开本章节的素材文件夹中的 4.2 中的"狗粮背景"图片，在工具箱中选择"移动工具"拖动复制生成的图层到背景中，执行"编辑"→"变换"→"水平翻转"命令，将拖入的素材调整方向，如图 4-42 所示。

图 4-41　狗粮背景

图 4-42　调整素材方向

步骤 6：按下 Ctrl+T 组合键进入自由变换状态，按住 Shift 键等比例缩放图像进行大小和位置的调整，并为调入素材添加图层样式"投影"，完成效果如图 4-43 所示。

图 4-43　完成效果

4.2.5　抠取透明商品图片

对于电商平台中的一些透明或半透明的商品图片，如冰块、水杯和婚纱等，在进行抠取时，电商美工设计者多采用"色彩范围"进行处理，简单快捷。在默认情况下，"色彩范围"预览区中，白色区域是选定像素，黑色区域是未选定像素，而灰色区域则以灰色像素显示。

步骤 1：启动 Photoshop 软件，选择本章节的素材文件夹 4.2 中的图片"玻璃杯 .jpg"图片，并将其打开，按下 Ctrl+J 组合键，复制打开的素材背景，如图 4-44 所示。

步骤 2：选择工具箱中的"画笔工具"，设置前景色的颜色为黑色，设置柔角画笔将图像中不是纯黑色的部分涂黑。执行"选择"→"色彩范围"命令，设置参数如图 4-45 所示，用吸管工具吸取玻璃杯中的白色部分，单击"确定"按钮，即可得到玻璃杯的选区。

图 4-44　复制背景

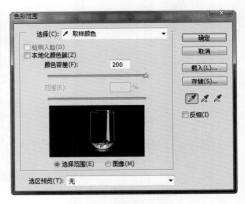

图 4-45　选取玻璃杯

步骤 3：设置前景色为白色，在图层面板上新建一个空白图层 1，填充白色，如图 4-46 所示。

步骤 4：按下 Ctrl+D 组合键取消选区。在图层 1 的下方创建新的空白图层 2，并且填充蓝色，颜色色值为 #3374c5，完成效果如图 4-47 所示。

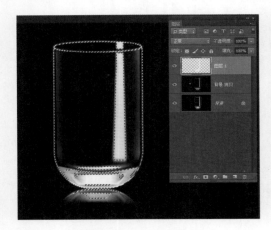

图 4-46　选区填充白色

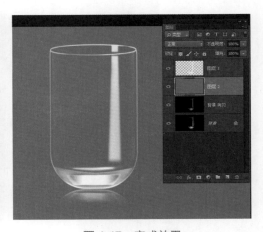

图 4-47　完成效果

4.2.6　课堂案例：制作新鲜火龙果主图

步骤 1：启动 Photoshop 软件，选择本章节的素材文件夹 4.2 中的"火龙果 .jpg"图片，并将其打开，如图 4-48 所示。

步骤 2：选择工具箱中的"快速选择工具"，在白色区域拖动鼠标，将白色区域全部选中，如图 4-49 所示。执行"选择"→"反向"命令，即可得到火龙果的选区。

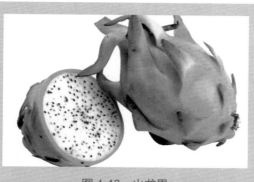

图 4-48 火龙果

图 4-49 绘制选区

步骤3：如图4-50所示，打开本章节的素材文件夹4.2中的"火龙果背景.jpg"图片，在工具箱中选择"移动工具"拖动选区中的内容到背景图片中，微调大小和位置，即可完成火龙果主图的制作，如图4-51所示。

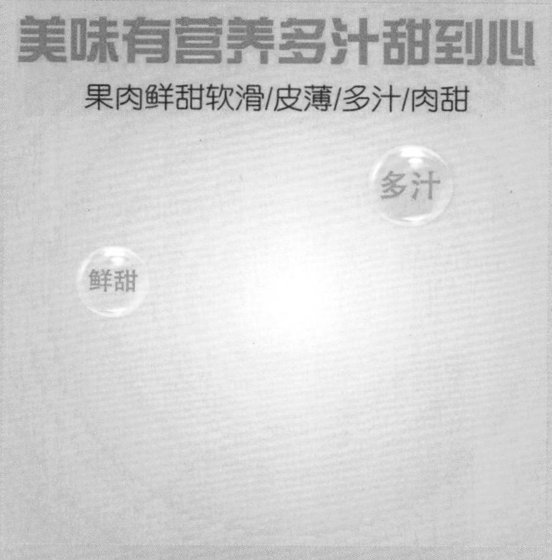

图 4-50 火龙果背景

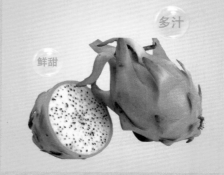

图 4-51 完成效果

4.3 图片美化处理

4.3.1 去除水印

进行商品照片拍摄时，常会出现相机自带的日期水印，或者借用的修饰素材上标有出处的文字水印，若不去掉，除了影响图片的美观度以外，还会有盗图的嫌疑，严重影响商品和店铺的整体形象。

步骤 1：启动 Photoshop 软件，选择本章节的素材文件夹 4.3 中的图片 "去除水印素材 .jpg" 图片，并将其打开，如图 4-52 所示。

步骤 2：选择工具箱中的"套索工具"，在图像窗口将水印文字沿外部框选出来，如图 4-53 所示。

去除水印

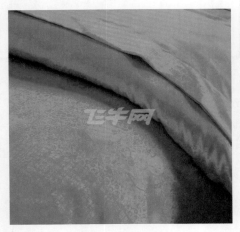

图 4-52　去除素材

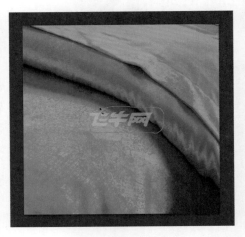

图 4-53　框选

步骤 3：执行"编辑"→"填充"命令，在打开的"填充"对话框中内容处设置"使用"为"内容识别"，如图 4-54 所示。单击"确定"按钮，即可去掉水印，完成效果如图 4-55 所示。

图 4-54　设置选项

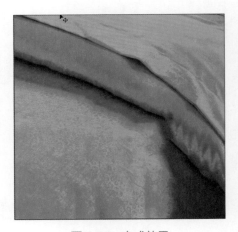

图 4-55　完成效果

4.3.2　去除污渍

进行商品图片拍摄时，经常会因为一些干扰元素的影响，导致拍摄出来的画面中出现不需要的污点、瑕疵等影响画面完美度的内容，这些多余的元素虽然很小，但也会影响商品形象，因此在后期处理时需要将这些内容去除，让画面变得整洁。在 Photoshop 中，污点修复画笔工具可以解决这类问题，帮助我们完成去除这些污渍的处理。

步骤 1：启动 Photoshop 软件，选择本章节的素材文件夹 4.3 中的图片"去除污渍素材 .jpg"，并将其打开，如图 4-56 所示。

步骤 2：在工具箱中选择"污点修复工具"，在其工具属性栏中设置合适大小的画笔，如图 4-57 所示。

步骤 3：移动鼠标光标到画面污渍处单击或者涂抹，即可清除图片中的污渍。完成效果如图 4-58 所示。

图 4-56　去除污渍素材

图 4-57　选择工具

图 4-58　完成效果

在这组工具中，修复画笔工具同样可以去除画面污渍，它和污点修复画笔工具的区别是在使用修复画笔工具进行图片污渍处理时，需先按下 Alt 键进行选源，然后在污渍处进行涂抹，其优点是可以处理较大面积的污渍。

4.3.3　模糊商品图像

在拍摄商品图片过程中，摄影师经常会通过调整焦距来创建出具有景深效果的照片，来表现主体与背景的层次关系，使主体商品表现得更突出。在 Photoshop 中也可以应用滤镜命令或工具箱中的模糊工具对图像进行模糊处理，制作出和相机相似的模糊效果，让画面产生自然景深感。下面以制作滤镜命令为例进行演示。

步骤 1：启动 Photoshop 软件，选择本章节的素材文件夹 4.3 中的图片"模糊素材 .jpg"，并将其打开，如图 4-59 所示。

步骤 2：我们看到这张素材的内容很好，但画面较平，背景和前景层次感较弱。应用任意选区工具将主体以外的背景全部选中，创建为选区，如图 4-60 所示。

图 4-59　打开素材

图 4-60　创建选区

步骤 3：执行"滤镜"菜单下的"模糊"→"高斯模糊"命令，如图 4-61 所示，应用快捷键 Ctrl+D 取消选区。我们看到对比素材图片主体餐食更加突出了，完成效果如图 4-62 所示。

图 4-61　设置"模糊"→"高斯模糊"

图 4-62 完成效果

4.3.4 锐化商品图像

网店美工设计者在处理商品图片时，经常会遇到各种原因导致的商品图片模糊不清的情况，而每张图片对精细的要求不同，比如毛衣的纹理，它的精细度是要求将毛绒材质完美清晰地体现出来。这时可以使用锐化命令调整商品图片清晰度来突出产品细节，使商品色彩更加鲜明。

步骤 1：启动 Photoshop 软件，选择本章节的素材文件夹 4.3 中的"锐化素材 .jpg"图片，并将其打开，如图 4-63 所示。

图 4-63 打开素材

步骤 2：我们看到这张素材图主体内毛衣不是特别清晰。执行滤镜菜单下的"锐化"→"USM 锐化"命令，如图 4-64 所示，参数设置如图 4-65 所示。

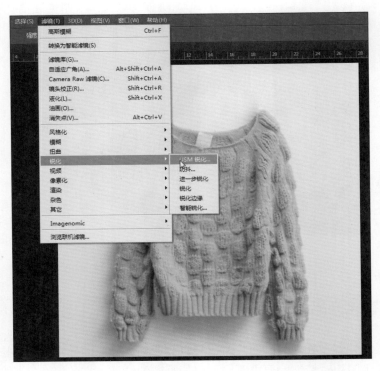

图 4-64 执行"锐化"→"USM 锐化"命令

图 4-65 设置参数

步骤 3：通过预览框查看效果，满意后单击"确定"按钮，即可完成当前图形的锐化，我们可以看到主图内容纹理变得更加清晰了，如图 4-66 所示。

图 4-66　完成效果

4.3.5　美化人物模特

电商网店中如服饰、鞋子、彩妆等很多商品都是通过人物直接展示的，这样可以让顾客更直观地看到商品的效果，而网店人物模特或多或少存在一定的瑕疵，所以网店美工应该掌握美化人物模特的方法来解决这些小问题，打造完美人物模特。下面通过液化工具来打造纤细的模特身姿，突出商品的美感。

步骤 1：启动 Photoshop 软件，选择本章节的素材文件夹 4.3 中的"女装模特素材 .jpg"图片，并将其打开，如图 4-67 所示。

图 4-67　打开素材

步骤 2：执行"滤镜"菜单下的"液化"命令，如图 4-68 所示，选择"向前变形工具"，将画笔大小设置为"70"，画笔压力设置为"100"，如图 4-69 所示，向内侧拖动模特腰部曲线，打造纤细腰围，效果如图 4-70 所示。

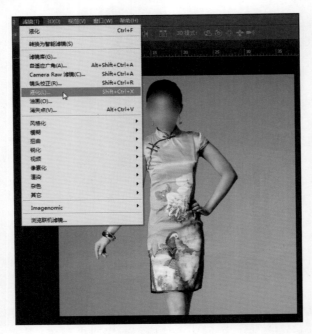

图 4-68 "液化"命令

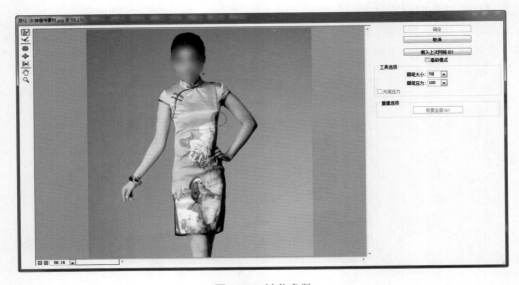

图 4-69 液化参数

步骤 3：使用相同的方法继续修改模特的手臂，按住鼠标的左键，在需要的地方向内拖动鼠标，如图 4-71 所示，完成效果如图 4-72 所示，然后保存文件，完成对人物模特曲线身材的美化和打造。

图 4-70　瘦腰效果

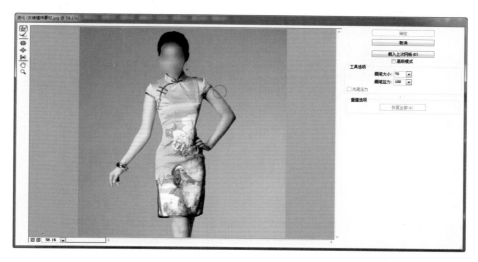

图 4-71　修饰手臂

图 4-72　完成效果

4.3.6 课堂案例：去除模特面部瑕疵

步骤1：启动 Photoshop 软件，选择本章节的素材文件夹 4.3 中的"模特素材 .jpg"图片，并将其打开，如图 4-73 所示。

步骤2：选择工具箱中的"污点修复画笔工具"，在模特面部额头位置的黑痣处单击鼠标，即可完成模特的美化，如图 4-74 所示。

图 4-73 打开素材

图 4-74 完成效果

4.4 图片调色处理

一般情况下，大多数商品为了还原真实色彩，在拍摄后期是不需要调色的，但往往由于角度和光线等因素导致商品图片不能表达商品的真实颜色，出现商品图片颜色灰暗、色彩度不够等问题，这时就需要网店美工对图片进行偏色校正，使其接近商品颜色的本身，让图片更能吸引顾客的注意力。

4.4.1 调整商品图片明暗度

商品图片在进行后期处理过程中，首先要观察的就是整体明暗效果，对曝光不足或曝光过度的图片进行调整，让照片曝光趋于正常。可以应用 Photoshop 中的"曝光度""曲线""色阶"等命令调整图片的亮度，使图片快速恢复正常。下面以"色阶"命令应用为例，调整图片的明暗度。

调整商品图片明暗度

步骤1：启动 Photoshop 软件，选择本章节的素材文件夹 4.4 中的图片"水果素材 .jpg"图片，并将其打开，如图 4-75 所示。

步骤2：执行"图像"→"调整"→"色阶"命令，弹出"色阶"对话框，如图 4-76 所示。

图 4-75 水果素材

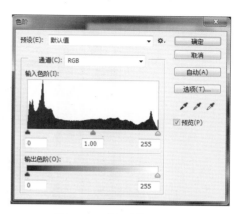

图 4-76 "色阶"对话框

步骤3：在"输入色阶"中对色阶进行值进行调整。方法一：可以用鼠标直接拖动直方图下方的黑、白、灰3个滑块，调整位置。方法二：可以直接在滑块下方的文本框中输入数值，直到商品恢复正常曝光的效果，如图4-77所示。

图 4-77 完成效果

4.4.2 还原商品图片真实色彩

相机受环境光线和参数设置的影响，有时会出现图片效果与人眼看到的效果不一样的情况，这种偏色会给买家带来视觉上的误差，进而引起不必要的误会。因此，在后期处理中必须对图片进行色彩校正还原，应用Photoshop中的"色彩平衡"命令可以解决这个问题。其工作原理是颜色的互补原理，平衡照片的暖色调或冷色调，向任何方向拖动滑块，都可提高画面中对应颜色的比例。

步骤1：启动Photoshop软件，选择本章节的素材文件夹4.4中的"粉刷素材.jpg"图片，并将其打开，如图4-78所示。

步骤2：执行"图像"→"调整"→"色彩平衡"命令，弹出"色彩平衡"对话框，设置参数如图4-79所示，从预览可以看到，图片由原来的偏蓝黑色调整为偏冷绿色，然后单击"确定"按钮，即可完成调整。

图 4-78　粉刷素材

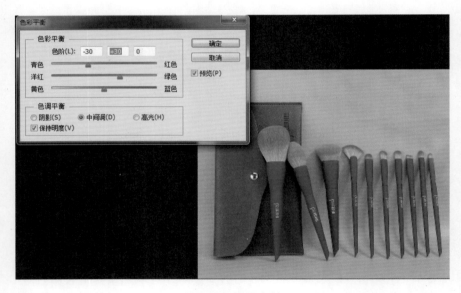

图 4-79　设置参数

4.4.3　更改商品图片色调

在商品照片后期处理中，为了凸显店铺风格，适当调整图片色调是最常用的方法，这样可以使色彩表现更独特，也更有韵味。例如，可以给复古的风格添加淡淡的橙色，凸显怀旧效果。

步骤 1：启动 Photoshop 软件，选择本章节的素材文件夹 4.4 中的"美食素材 .jpg"

图片，并将其打开，如图 4-80 所示。

步骤 2：执行"图像"→"调整"→"照片滤镜"命令，弹出"照片滤镜"对话框，设置参数如图 4-81 所示，即可预览到图片色调发生的变化。

图 4-80　美食素材　　　　　　　　　　　　　　　　图 4-81　变化色调

4.4.4　课堂案例：处理颜色灰暗的照片

步骤 1：启动 Photoshop 软件，选择本章节的素材文件夹 4.4 中的"水杯素材 .jpg"图片，并将其打开，如图 4-82 所示，这张图片的画面颜色偏灰暗。

步骤 2：执行"图像"→"调整"→"亮度对比度"命令，弹出"亮度对比度"对话框，鼠标拖动亮度滑块至 30 的位置，然后单击"确定"按钮，即可完成调整，效果如图 4-83 所示。

图 4-82　偏灰暗的图片　　　　　　　　　　　　　图 4-83　水杯调整后效果

4.5　图片文字处理

文字在网店美工中是不可或缺的元素之一，在网店图像中恰当地使用文字可以起到锦上添花的作用。

在商品图像中，单纯地输入文字画面会略显单调，这时如果给文字添加投影效果，可增添画面的灵动性。

步骤 1：找到本章节对应的资源库素材文件夹，执行"文件"→"打开"命令，打开素材文件"投影字 .jpg"图片，如图 4-84 所示。

步骤 2：选择工具箱中的"横排文字工具"，在画面顶端输入文本"正红色调 吸睛显白"，设置文本字体为黑体，文本字号大小为 72 点，文本颜色为白色，如图 4-85 所示。

图 4-84　打开素材

图 4-85　输入文本

步骤 3：选择文字图层，如图 4-86 所示，单击图层面板下的"添加图层样式"按钮，为文字层添加"投影"样式，参数默认即可，如图 4-87 所示。

图 4-86　添加图层样式

图 4-87　完成效果

4.5.2 制作渐变文字

在 Photoshop 软件中，输入文字的默认颜色为单色前景色，而在店铺装修中经常需要为文字添加渐变色来丰富画面，可将文字进行栅格化后应用"渐变工具"为文字添加渐变色，也可以直接通过"图层样式"为文字添加渐变色。

制作渐变文字

步骤 1：找到本章节对应的资源库素材文件夹，执行"文件"→"打开"命令，打开素材文件"渐变字 .jpg"图片，如图 4-88 所示。

步骤 2：选择工具箱中的"横排文字工具"，在画面顶端输入文本"远离化肥农残"，设置文本字体为黑体，文字字号大小为 60 点，文本颜色为黑色，如图 4-89 所示。

图 4-88　打开素材

图 4-89　输入文本

步骤 3：选择文字图层，单击图层面板下的"添加图层样式"按钮，为文字层添加"渐变叠加"样式，参数设置如图 4-90 所示，完成效果如图 4-91 所示。

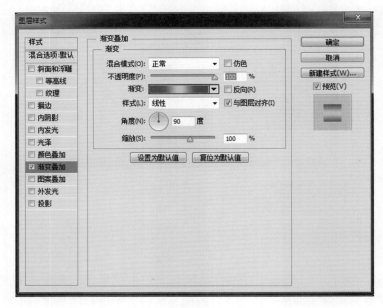

图 4-90　参数设置

图 4-91　完成效果

4.5.3　文字变形处理

文字作为商品图片中的重点，不但可以传递商品信息，而且能起到促进消费的作用，这就要求对输入的文字做一些变化和造型，以便更好地吸引顾客的眼球。

步骤 1：找到本章节对应的资源库素材文件夹，执行"文件"→"打开"命令，打开素材文件"变形字 .jpg"图片，如图 4-92 所示。

步骤 2：选择工具箱中的"横排文字工具"，在画面右下角位置输入文本"换新季"，设置文本字体为黑体，文本字号大小为 120 点，文本颜色为白色。并为文本添加"图层样式"为"斜面浮雕"，参数默认即可，效果如图 4-93 所示。

图 4-92　打开素材

图 4-93　添加浮雕效果的文本

步骤 3：使"换新季"文本处于选中状态，在文字属性栏中单击"创建文字变形"按钮，参数设置如图 4-94 所示。完成效果如图 4-95 所示。

图 4-94　参数设置

图 4-95　文字变形效果

步骤 4：继续选择工具箱中的"横排文字工具"，在画面右下角位置输入文本"厨房油碟五折起"，设置文本字体为黑体，文本字号大小为 36 点，文本颜色为白色，并创建"文字变形"样式为"旗帜"，完成效果如图 4-96 所示。

图 4-96 完成效果

4.5.4 课堂案例：制作创意标题

步骤 1：找到本章节对应的资源库素材文件夹，执行"文件"→"打开"命令，打开素材文件"背景 .jpg"图片，如图 4-97 所示。

步骤 2：选择工具箱中的"横排文字工具"，在背景图顶部输入文本"简约无限"，设置文本字体为黑体，文字字号大小为 120 点，文本颜色为 #a00aa6，如图 4-98 所示。

图 4-97 打开素材

图 4-98 输入文本

步骤 3：按下 Ctrl 键，同时单击文字层的图层缩略图，调出文字选区，在文字层下方创建新的空白图层 1，如图 4-99 所示。

步骤4：保持新建图层1为选中状态，执行"编辑"→"描边"命令，设置描边参数为宽度2像素，描边颜色#a00aa6，描边位置外部，然后选择移动工具，微调图层1即描边的位置，完成效果如图4-100所示。

图4-99　创建新图层

图4-100　完成效果

▶▶▶ 拓展实训

乐乐因为喜欢电商运营，从而萌生了自己开一家服装网店的想法，在实际操作过程中遇到素材拍摄有瑕疵的问题，请运用所学知识帮助乐乐解决问题。

实训内容：清除如图4-101所示商品图片衣服上的污渍，得到如图4-102所示的效果。

图 4-101 素材

图 4-102 完成效果

实训要求：独立完成商品图片上污渍的清除。

知识检验：正确选取工具，合理设置工具参数。

操作流程：打开图片，选取"污点修复画笔工具"，设置属性栏参数，单击完成。

第5章

网店店铺装修——首页设计

 **章节目标**

知识目标: (1) 了解店铺的首页制作规范。

(2) 掌握店铺的首页店招设计。

(3) 掌握店铺的首页店标设计。

(4) 掌握店铺的首页海报设计。

技能目标: (1) 能够制作完成网店店铺装修首页设计。

(2) 能够完成网店首页装修的整体布局与处理。

 学习重点、难点

学习重点: 店铺首页店招、店标和海报的设计。

学习难点: 独立完成店铺首页的视觉设计。

通过本章的学习，读者应掌握网店店铺首页装修中店招、店标及海报的设计。在实践操作中应端正态度，培养综合能力，为高素质人才培养奠定基础。读者应一边吸收知识，一边形成与时代匹配的人生观，保证世界观的科学与健康，树立唯物主义思想。

店铺首页是店铺形象的展示页面，相当于人的脸面，是引导顾客、提高转化率的首要页面，其装修的效果好坏直接影响店铺的品牌宣传和顾客的购物体验，以及店铺的转化率。好的店铺装修更容易赢得顾客的信任，所以店铺首页装修设计制作至关重要。店铺首页主要由店招与导航、店标、轮播海报、商品分类、商品促销展示区和页尾组成，每个模块的作用和使用方法都不同。本章将从店铺首页内容、设计方法、布局等首页制作规范为切入点，重点向读者介绍店铺首页店招设计与制作方法、首页店标设计与制作方法、首页海报设计与制作方法，帮助读者了解店铺首页这三大模块装修中的设计规范、设计要求、设计要点，设计方法和设计技巧等内容，进而更好地完成店铺首页装修。

5.1　首页制作规范

5.1.1　店铺首页内容

电商网店的首页是顾客进入店铺首先看到的区域，其地位相当于实体店的门脸，主要作用是向买家做商品展示，通过视觉、环境、最新商品、促销活动和商品服务的综合感受，让顾客对商品有初步的了解和接触。店铺首页主要包含店招、店标、首页海报等内容，是顾客进入店铺看到的第一个页面，是否可以在第一时间吸引顾客，这些内容的创意设计至关重要，下面将分别进行介绍。

1. 店招

店招是位于电商店铺首页顶端的招牌，由商品图片、宣传语和店铺名称等组成，如图 5-1 所示。

2. 店标

店标通常位于店招内，却是区别于店招的独立部分，起到定位店铺风格、体现店主品味、展示商品内容、宣传商品信息的作用，如图 5-2 所示。

3. 首页海报

店铺首页海报是电商宣传的一种重要形式，起着宣传和导航的作用，以较强的视觉

图 5-1 店招图片展示

冲击表现形式传播卖家产品及活动信息给买家，如图 5-3 所示，天猫"双十二"活动海报直接将活动主题清晰地表现出来。

图 5-2 店标图片展示

图 5-3 天猫"双十二"活动海报图片展示

5.1.2 店铺首页设计方法

一个完整的店铺首页不仅包含前面所说的内容，还有导航条、客服区、收藏区、产品分类区和店铺尾页等。在进行首页设计时要注意整体结构，合理安排各个区域的位置和顺序。普通布局讲究简洁明了，旺铺布局要尽显高端大气的风格。

5.1.3 首页布局介绍

1. 普通店铺首页布局

普通店铺首页布局一般比较简洁明了，采用店招、分类区、活动展示区和首页焦点图等模块进行布局，买家浏览时一目了然，很容易分辨平台上的内容，如图 5-4 所示。

2. 旺铺首页布局

相对普通首页布局，旺铺首页布局在内容上比较丰富，排版也比较讲究，需要展示出旺铺的风格，商品分类也非常全面，买家可以了解到更多的商品信息和内容，如图5-5所示。

图5-4 普通店铺首页布局　　　　　　　　　　图5-5 旺铺首页布局

5.1.4　课堂案例：制作简约的首页布局

步骤1：启动 Photoshop 软件，执行"文件"→"新建"命令，新建一个1920 像素×3949 像素的文件，将画面背景颜色修改为#f6f6f6，如图5-6所示。

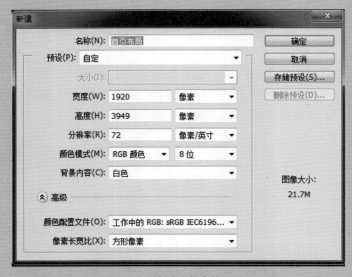

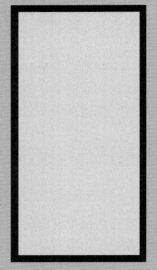

（a）创建文件参数　　　　　　　　　　（b）文件

图5-6 新建文件

步骤2：执行"文件"→"置入嵌入对象"命令，置入素材文件"首页海报"，放到画面的顶部。选择工具箱中的"矩形工具"，并在工具属性栏中设置填充色为#092519，描边色为无。在海报下方绘制矩形，如图5-7所示。

课堂案例：制作简约的首页布局

（a）选择矩形工具

（b）在工具属性栏中设置颜色

（c）完成效果

图 5-7　置入海报

步骤3：同步骤2，选择工具箱中的"矩形工具"，在属性栏中设置填充颜色为#092519，描边色为无，绘制矩形优惠券，调整图层样式为投影，参数默认。选择工具箱中的横排文字工具，输入"10元优惠券 无门槛使用"文本，设置文本颜色为#ffffff，文本字体为黑体，文字字号适中，如图5-8所示。

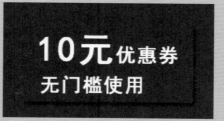

（a）选择横排文字工具　　　　　　（b）优惠券效果

图 5-8　优惠券

步骤4：复制已经完成的优惠券3次，移动到合适位置，更改文本内容，如图5-9所示。

图 5-9 复制优惠券

步骤 5：选择工具箱中的"直线工具"，设置填充颜色为 #fffff，描边色为无，直线粗细为 4 像素，绘制白色装饰直线放置在优惠券之间，如图 5-10 所示。

（a）装饰线参数

（b）装饰线效果

图 5-10 绘制装饰线

步骤 6：选择工具箱中的"圆角矩形工具"，在工具属性栏中设置填充颜色为 #092519、圆角半径为 40 像素，绘制圆角矩形，输入文本"畅销十年"，设置文本颜色为 #fffff，文本字体为黑体，文本字号大小适中，如图 5-11 所示。

（a）选择圆角矩形工具　　　　（b）创建文本效果

图 5-11 创建文本 1

步骤 7：选择工具箱中的"横排文字工具"，输入文本"水润洁净　温和柔绵"，设置文本颜色为 #092519，文本字体为黑体，文本字号大小适中，如图 5-12 所示。

步骤 8：在工具箱中选取"横排文字工具"，输入文本"只需¥199 元单击购买"，设置文本颜色为 #092519，文本字体为黑体，文本字号大小适中。将文本"单击购买"颜色更改为 #fffff。在文字下方绘制颜色为 #092519 的圆角矩形，进行装饰，如图 5-13 所示。

图 5-12 创建文本 2

图 5-13 创建文本 3

步骤 9：复制步骤 6 至步骤 8 的内容，移动到合适的位置，选择工具箱中的"直线工具"，在工具属性栏中设置"形状描边类型"为虚线，绘制分割装饰线，如图 5-14 所示。

（a）设置虚线

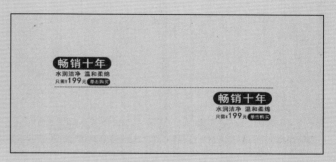

（b）绘制分割装饰线

图 5-14　布局文本

步骤 10：在工具箱中选取"直线工具"，在页面下端绘制"商品展示"图层组，设置直线工具填充颜色为 #092519，描边色为无，直线粗细为 30 像素，如图 5-15 所示。

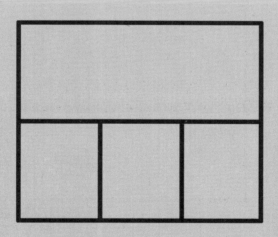

图 5-15　布局页面

步骤 11：在工具箱中选取"横排文字工具"，输入文本"只需 ¥99 元单击购买"，设置文本颜色为 #092519，文本字体为黑体，文本字号大小适中。文本"单击购买"更改为 #ffffff，字体和字号不变，并在文本底部绘制颜色为 #092519 的圆角矩形进行装饰。重复本步骤两次，并将文本放置在合适的位置，如图 5-16 所示。完成效果如图 5-17 所示。

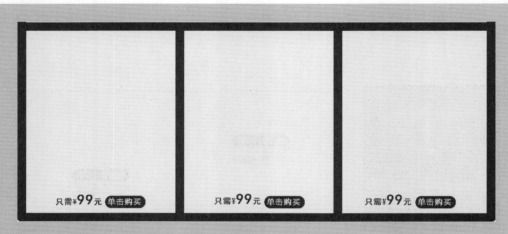

图 5-16 创建文本 4

图 5-17 完成效果

5.2　首页店招设计

5.2.1　店招设计的意义与功能

店招位于网店首页顶端的关键位置，其作用与实体店铺的店招相同，在网店实际经营中有以下意义与功能。

（1）店招是店铺首页的黄金展示位置，是顾客掌握店铺品牌信息的最直接来源，属核心信息通告区域，在第一时间吸引顾客，如图 5-18 所示。

图 5-18　某店铺核心信息店招展示

（2）店招可以最大化展示商品优势、价格优势和服务优势等，区别于同类店铺。

（3）店招的关键信息不但节约顾客了解店铺的时间成本，也可以节约店铺向顾客介绍自己的时间成本和精力，如图 5-19 所示。

图 5-19　某店铺关键信息店招展示

（4）引起买家的购物欲望，促进购买率。

5.2.2　店招设计规范

（1）电商店铺的首页店招图片格式有三类，分别是 JPEG、GIF 和 PNG。GIF 格式的店招就是顾客常见的带有动画效果的动态店招。下面是使用 Photoshop 制作的 GIF 格式店招，如图 5-20 和图 5-21 所示。

图 5-20　某店铺动态店招视觉展示镜头 1

图 5-21　某店铺动态店招视觉展示镜头 2

（2）电商店铺的首页店招尺寸常见的有两种，分别是 950 像素 ×120 像素和 1920 像素 ×150 像素。

（3）电商店铺的首页店招内容包含网店名称、网店 LOGO、网店口号、网店促销广告、网店优惠券、网店公告、网店活动信息等，如图 5-22 所示。

图 5-22　某店铺有优惠券的店招视觉图片展示

5.2.3　店招设计要求

（1）通常要求有标准的字体和颜色、简洁的排版设计、可以吸引顾客的广告语、有较强视觉冲击力的画面和可以清晰表达店铺卖点的信息。

（2）选择合适的素材图片。店招素材图片通常可以从互联网上收集、摄影获取和使用 Photoshop 等绘图软件原创绘制。无论使用哪一种方式获取，都要求图片专业、精美、清晰度良好、不能涉及版权问题且适合自己的店铺。

（3）突显店铺的独特性质。位于店铺首页的店招是电商品牌给顾客的第一印象，是否与众不同、别出心裁、有自己的个性将直接影响第一印象的好坏。因此一定要体现店铺的独特风格、品质和情感。

5.2.4　店招设计方法

（1）静态店招视觉设计一般由文字和图像组成，可以是背景与纯文字组合，如图 5-23 所示，也可以是背景与文字和图像组合。

图 5-23　某店铺的背景与纯文字组合店招

（2）动态店招视觉设计是指 GIF 动画效果，由多个图像和文字效果构成，可以使用专业的 GIF 制作软件完成，也可以使用 Photoshop 制作部分简单效果，还可以使用电商软件后台代码实现。

5.2.5　课堂案例：制作童装店铺店招

步骤 1：启动 Photoshop 软件，执行"文件"→"新建"命令，新建一个

1920 像素 ×150 像素大小的文件，文件名称为"童装店铺店招"，效果如图 5-24 所示。

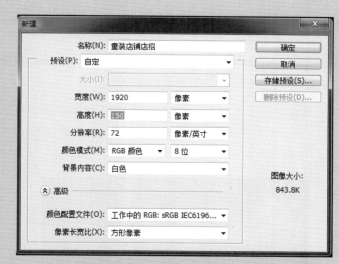

课堂案例：制作童装店铺店招

（a）新建文件参数

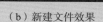

（b）新建文件效果

图 5-24　新建文件

步骤 2：选取工具箱中的"矩形工具"，如图 5-25（a）所示，在工具属性栏中设置填充颜色为 #7cbbfb, 描边颜色为无，绘制一个与文档大小相同的矩形。更改填充颜色为 #135497, 设置形状宽度为 1920 像素，形状高度为 30 像素，在底部绘制矩形，如图 5-25 所示。

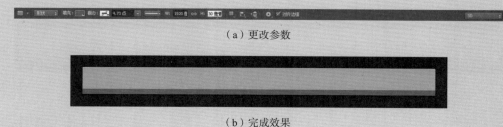

（a）更改参数

（b）完成效果

图 5-25　完成背景色

步骤 3：选取工具箱中的"横排文字工具"，在背景下端输入文本"首页有惊喜、所有宝贝、男童夏装、女童夏装、男童秋装、女童秋装、男童冬装、女童冬装、优惠专区"，设置文本字体为黑体，文本颜色为 #ffffff, 文本字号大小为 18 点。

为输入的文本添加图层样式"投影",参数为默认,完成导航部分文本标签输入,如图 5-26 所示。

图 5-26　输入文本标签

步骤 4:在工具箱中选区"直线工具",如图 5-27 所示,设置填充色为 #ffffff,描边色为无,粗细为 3 像素,如图 5-28 所示,按住 Shift 键,在文字标签间隔部分绘制纵向直线,完成效果如图 5-29 所示。

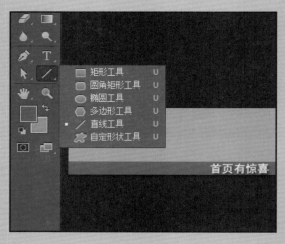

图 5-27　选择工具

图 5-28　设置工具选项

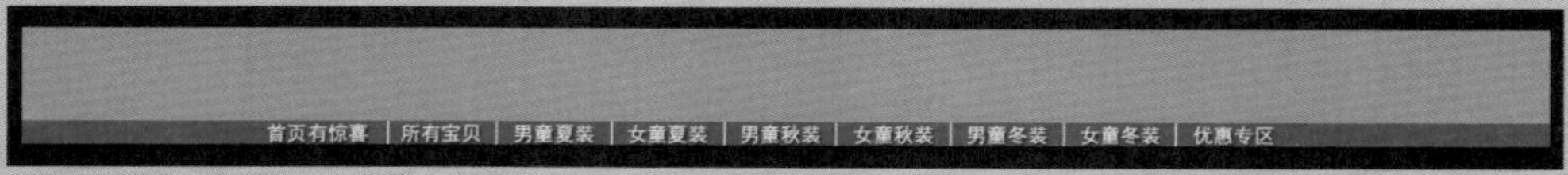

图 5-29　完成导航条按钮

步骤 5:选取工具箱中的"横排文字工具",在店招左上方输入文本 LOGO,设置文本字号大小为 30 点,文本字体为黑体,文本颜色为 #ffffff,如图 5-30 所示,并为文本添加图层样式"投影",效果如图 5-31 所示。

图 5-30　设置文字选项

图 5-31 输入 LOGO 后的效果

步骤 6：选取工具箱中的"横排文字工具"，在店招偏左位置输入文本"漂亮宝贝童装店"，设置文本字体为黑体，文本颜色为 #ffffff，"漂亮宝贝"文本字号大小为 30 点，"童装店"文本字号大小为 14 点，并为文本添加图层样式效果"描边"，描边参数大小为 3 像素，描边颜色为 #135497，如图 5-32 所示。完成店招店铺名称制作，如图 5-33 所示。

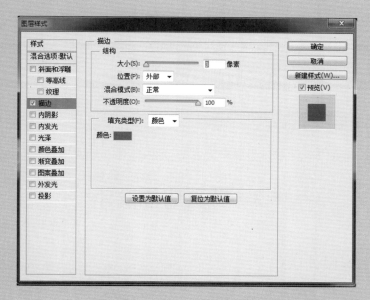

图 5-32 描边参数

图 5-33 店招名称

步骤 7：调入资源库素材文件"服装"图片，缩小到合适大小，将其移至店招右侧的合适位置。选取工具箱中的"横排文字工具"，在"服装"右侧输入字号大小为 30 点，颜色为白色，字体为黑体的文本"仅售 99 元、爆款童装"，完成店招促销信息，效果如图 5-34 所示。

图 5-34　店招促销信息效果

步骤 8：调入资源库素材文件"二维码"图片，调整至适合大小，放置在店招右侧，选取工具箱中的"横排文字工具"，在"二维码"右侧输入文本字号大小为 24 点，文本颜色为为 #ffffff，字体为黑体的文本"扫码收藏"，完成效果如图 5-35 所示。

图 5-35　完成效果

5.3　首页店标设计

5.3.1　店标设计认知

网店店标即网店品牌标志，英文翻译为 LOGO，代表店铺的形象和基本特征，是电商品牌的重要表达符号，也是电商品牌存在的核心象征。

店标对于树立品牌形象和传播品牌口碑起着至关重要的作用，既可以帮助顾客快速记住品牌特点和文化，又可以让顾客对品牌属性产生联想，提高购买率。

5.3.2　店标设计常见类型

（1）字母型。这种店标是完全由店铺和品牌名称的单词或提取字母组成的。显然，这里主要关注字母的变形和排版。这种店标的风格将品牌的视觉形象与公司名称紧密联系在一起。单词或提取字母的形状，风格和颜色几乎与单词和提取字母本身一样具有意义。可口可乐的品牌标志采用的年轻有活力的红色和干净纯洁的白色，既符合年轻时尚这一消费群体的特征，又符合产品本身的定位，如图 5-36 所示。

（2）文字型。相对于字母型的店标美工设计，文字型的店标美工设计的识别度更高，传达信息成本更低，其造型也千变万化，应用极为广泛，如图 5-37 所示。

图 5-36　可口可乐品牌标志

图 5-37　一勺糖标志

（3）图文组合型。这种设计通常由文字和图像共同组成，既有直接的语言信息传播功能，又有直观的视觉形象，因此得到广大网店店主的青睐，如图 5-38 所示。

图 5-38　中国邮政品牌标志

（4）吉祥物型。看久了硬邦邦的文字，人们更希望可以看到内容更丰富、形式更特别、可以让自己眼前一亮的店标。吉祥物类型的店标通常具有很丰富的色彩，形象上也更有趣。

5.3.3　店标设计要点

（1）店标美工设计的统领性。店标是电商店铺视觉传达的核心要素，也是店铺开展信息传达的主导力量。店标的统领性是指店铺经营理念和活动直接表现，店铺所有经营活动都有它的影子，不仅具有领导性，还具体表现为视觉要素的一体化和多样性上，其他视觉要素都以店标为中心而展开。

（2）店标美工设计的独特性。店标最重要的作用之一是区别于同类商品的识别性，因此进行店标美工设计时无论采用哪种类型进行设计，都要考虑品牌的独特性和唯一性，满足饱满、丰富的同时更要独树一帜。

（3）店标美工设计的同一性。店标美工设计承载着店铺的经营理念、店铺的文化特色、店铺的规模、店铺经营的内容和特点，是店铺最具体的精神象征。买家认可了店标，就等同于认可了店内商品，因此店标美工设计一定要与店内商品内容具有同一性。

（4）店标美工设计的时代性。社会在迅速发展，电商运营更是日新月异。店标美工设计必须求新求变、勇于创造、具有鲜明的时代特征，才可以适应不断变化的市场竞争形势，适应新的制作工艺和新媒体传播方式。

5.3.4　课堂案例：制作咖啡网店店标

步骤 1：启动 Photoshop 软件，执行"文件"→"新建"命令，在打开的新建面板上设置参数，设置文件名称为"咖啡网店店标"，宽度为 1181 像素，高度为 1181 像素，分辨率为 300 像素 / 英寸，颜色模式为 RGB 颜色，背景内容白色，其他值默认，确定生成文档"咖啡网店店标"，如图 5-39 所示。

课堂案例：制作咖啡网店店标

步骤 2：新建图层 1，选取工具箱中的"椭圆选框工具"，在画面合适的位置绘制椭圆选区，执行"编辑"→"描边"命令，设置描边宽度为 50 像素，描边颜色为 #610707，描边位置居中，如图 5-40 所示，确定后按下 Ctrl+D 组合键取消选区，效果如图 5-41 所示。

图 5-39　设置文件参数　　　　　图 5-40　设置描边参数

步骤 3：导入咖啡素材，调整大小和位置，效果如图 5-42 所示。

步骤 4：导入文字素材，调整大小和位置，效果如图 5-43 所示。

图 5-41　绘制环形　　　图 5-42　导入咖啡素材　　　图 5-43　完成效果

5.4　首页海报设计

5.4.1　海报设计认知

首页海报是对店铺最新商品、促销活动等信息进行区域展示和宣传的一种形式。通过海报，商家可以根据销售情况的变化适时将自己的产品及产品特点以一种视觉表现形式传播给顾客，而顾客可以通过海报的宣传对店铺节日促销、新品上架等活动进行初步的了解。

5.4.2　海报设计要点

在进行海报电商美工设计之前，我们必须明确设计的主要内容和主题，然后根据设计的主题来找寻最恰当的创意点和表现方式，同时考虑海报视觉设计的目的，明确顾客的接受方式，清楚同行或同类店铺海报设计的特点，才能设计和制作出受欢迎的首页海报，也只有这样的作品才更加容易得到顾客的认可和市场的认同。

5.4.3　海报设计规范

（1）店铺海报的尺寸最为关键，一般海报尺寸为 950 像素 ×400 像素，但由于现在计算机的显示器大多是宽屏的，因此大多数海报尺寸设计为 1920 像素 ×500 像素或 1920 像素 ×900 像素。

（2）海报电商美工设计通常以图片为主，文字为辅。

（3）海报电商美工设计包含背景、文字和产品信息等元素，主要信息有主标题、副标题和附加内容，这三部分文字通常采用大、中、小字号进行布局，段间距也要大于行间距，周边要适当留白，如图 5-44 所示。

图 5-44　信息元素间距示意图

（4）字体变化可以提升店铺海报文本的阅读感和设计感，但在店铺海报电商美工设计中运用文字字体不能超过三种，很多网店首页看上去画面凌乱、显得不统一就是因为字体使用太多造成的。如图 5-45 所示，只有简单的两种字体，画面看起来简洁许多。

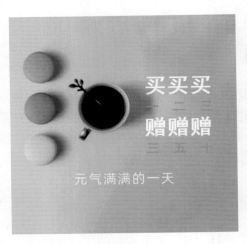

图 5-45　文案字体不超过三种

（5）海报视觉设计离不开颜色的运用，但画面色彩却不宜繁多，同样不宜超过三种，其颜色比例为主色占 70%，辅助色占 25%，点缀色占 5%，还要有一部分空白区域，使整个海报看上去舒服一些，如图 5-46 所示。

图 5-46　色彩表现

5.4.4　海报设计技巧

（1）色调统一。进行首页海报电商美工设计时，首先要观察首页整体环境，海报色调不要与主色调产生强烈对比。若确实需要应用到对比色进行设计，可以考虑降低颜色的纯度和明度进行协调画面。

（2）对画面进行适当的留白。海报设计要求高端大气，留白就是留"气"，要想大气就要多留白，可以让顾客在最短时间内阅读完店铺信息，节约阅读时间，增强阅读舒适性。若为了凸显内容而把画面填满，整个海报密密麻麻，让人窒息，就掠夺了顾客宽松自如的态度，影响顾客想象力的自由发挥，如图 5-47 所示。

素色设计 自然而然

图 5-47　适当留白

（3）背景与产品呼应。想做出漂亮的海报，最好根据产品的亮点来确定背景，通常有两种方式：第一种方式是直接用拍摄的图片作为背景，再添加活动文案等；第二种方式是把拍摄照片中的产品选取出来，灵活更换合适好看的背景，再搭配版式设计和文字，如图 5-48 所示。

图 5-48　更换拍摄背景海报

（4）海报风格与店铺风格一致。在海报电商美工设计中，海报风格与店铺风格统一是至关重要的，浑然一体的设计使首页形成整体，可以促进顾客的持续浏览，从更深层、更广阔的视野中给顾客带来美的感受。如果两者风格不一致，首页看起来就会有很强的跳跃感，这种不和谐会让顾客产生不适感，进而阻断顾客继续浏览店铺页面，降低转化率。

5.4.5 课堂案例：制作男鞋网店海报

步骤1：启动 Photoshop 软件，执行"文件"→"打开"命令，打开资源库素材文件"背景"图片，如图 5-49 所示。

图 5-49 导入背景

步骤2：执行"文件"→"打开"命令，打开资源库素材文件"鞋"图片，将其拖曳到"背景"文件中，生成图层2，选取工具箱中的"磁性套索工具"，抠取"鞋"素材，如图 5-50 所示，微调素材大小并向右移动到合适位置，效果如图 5-51 所示。

课堂案例：制作男鞋网店海报

图 5-50 抠取素材

图 5-51 完成素材导入效果

步骤 3：选取工具箱中的"横排文字工具"，输入文本"2020秋季新款男鞋"和"每一步行走 都能感受清爽"，设置文本为右对齐，文本颜色为黑色，文本字体为黑体，文本字号大小分别为 30 点和 18 点，如图 5-52 所示。

图 5-52　输入文本信息

步骤 4：新建图层 3，选择工具箱中的"矩形工具"，在工具属性栏中设置颜色为 #ebbc58，填充色为无，绘制大小合适的矩形，为图层 3 添加"投影"图层样式，效果如图 5-53 所示。

步骤 5：选取工具箱中的"横排文字工具"，在矩形处输入文本"RMB：99.00"，设置文本字体为黑体，文本字号大小为 24 点，文本颜色为黑色。完成效果如图 5-54 所示。

图 5-53　绘制矩形

图 5-54　完成效果

▶▶ **拓展实训**

　　某品牌化妆品店铺要进行首页装修，请你根据所学内容和知识，确定主题，明确设计思路，制作如图 5-55 所示某品牌化妆品店铺首页海报。

图 5-55　首页海报效果图

　　实训要求：独立完成某品牌化妆品店铺首页海报。

　　知识检验：店铺首页海报理论与操作。

　　操作流程：新建文件，设置背景，导入素材并处理，设置文字。

第6章

网店店铺装修——详情页设计

 章节目标

知识目标:（1）了解和认知店铺详情页。

（2）掌握店铺商品焦点图设计方法。

（3）掌握店铺商品信息图设计方法。

（4）掌握店铺商品细节图设计方法。

技能目标:（1）能够运用 Photoshop 相关操作与命令制作网店店铺详情页。

（2）能够完成网店店铺详情页装修。

 学习重点、难点

学习重点: 店铺装修详情页设计方法。

学习难点: 店铺装修详情页设计制作。

通过本章的学习，读者应充分认知网店店铺详情页，并掌握网店店铺详情页装修中商品焦点图及商品信息图等的具体制作方法。在学习过程中读者可充分意识到整体与局部的相关影响、相互联系的哲学关系，教师引导学生寻找兴趣、发现兴趣，变兴趣为动力，不断增强个人能力，进而培养学生积极探索的职业精神和职业素养。

详情页是顾客进入店铺必须要浏览的内容，商品详情页是整个店铺的亮点和聚焦点，对商品销量发挥着重要的作用，是进一步激发顾客购买欲望的最大商品展示区。因此每个网店美工都有必要掌握商品详情页的装修知识，以提升商品详情页的视觉效果，吸引更多的顾客购买商品，从而增加商品的销量。本章将从详情页布局、类型和设计技巧等详情页认知为切入点，详细向读者介绍商品详情页焦点图设计与制作方法、商品详情页商品信息图设计与制作方法、商品详情页细节图设计与制作方法；帮助读者认知商品详情页焦点图、商品详情页信息图和商品详情页细节图；掌握商品焦点图、商品信息图和商品细节图的设计要点及方法。

6.1　店铺详情页认知

店铺详情页是对商品的使用方法、材质、尺寸、价值、细节及购买流程等方面内容的具体展示和介绍，是所有营销的落地点。顾客通过搜索进入店铺后，最想了解的便是商品的详情，这里没有可触摸的实物，也没有服务周到的店员，只有通过反复浏览或者对比浏览，才能决定是否咨询客服，是否最终下单购买，因此详情页承担着主要的宣传和推销工作，是拉动商品销售、提升品牌形象和稳固店铺地位的关键。

6.1.1　详情页布局

店铺详情页是展示商品信息的页面，通常顾客注意到感兴趣的首页后，最想浏览的就是详情页，它直接决定了店铺能否留住顾客，达成交易。在进行详情页布局时，因活动目的和侧重点不同，布局会有差别，主要包括圆形扩散式、方块式和三角式等。

1. 圆形扩散式布局

将主体内容放在正中心，分内容放在主体四周，使整个画面形成一个大圆形的布局方式称为圆形扩散式布局。这种形式的布局适合某一系列或某一专题活动，可以突出重点，从而吸引顾客，如图 6-1 所示。

图 6-1　圆形扩散式布局

2. 方块式布局

方块式布局是指同级内容按照矩形排列，这种形式的布局简约、整齐，不需要特地用专业的美工进行布局，因其具有通用性，对各种活动都适用，如图 6-2 所示。

图 6-2　方块式布局

3. 三角式布局

将主体内容放在最上方,按照内容的重要程度依次向下排列的方式称为三角式布局。该布局通过先突出重点再层层伸入的策略来吸引顾客注意力,因其清晰的层次感而适用于专题活动,如图 6-3 所示。

图 6-3　三角式布局

6.1.2　详情页类型

店铺详情页包含的内容较多,由于商品的不同所要表现的重点也不同,因此要想设计出能够展现商品价值的详情页,需要清楚地了解详情页的类型。

详情页类型

1. 功能型

功能型详情页主要介绍产品的功能。例如,制作床品详情页时,除关注花色和尺寸外,可能更多地关注床品的材质、安全性等,可重点展现商品材质安全无害等,如图 6-4 所示。

2. 符号型

符号型详情页以商品为载体,主要突出商品的形状符号等信息。花语名称的价值就是商品的独特之处,如图 6-5 所示。

3. 感觉型

感觉型详情页主要给浏览者身临其境的感觉。比如商品是沙滩长裙,则在制作详情页时让穿着长裙的模特走在沙滩上,海风吹过,让顾客有进入海边度假的感觉,吸引顾客眼球,如图 6-6 所示。

图 6-4　材质优良

图 6-5　花语名称符号

图 6-6　感觉型

4. 服务型

服务型详情页中保修费用全免、送货上门、无忧退换等有保障的售后服务虽然不计入商品价值，却深受顾客喜爱，如图 6-7 所示。

5. 附加型

有时我们可以通过详情页中体现的附加价值来提高店铺的销量和顾客的黏性，该类型详情页虽是专属老客户的服务通道，有专属的优惠，但新客户也会有相应的礼品。

图 6-7　服务型

6.1.3　详情页设计技巧

商品详情页不仅可以对商品进行介绍，也是商家向顾客推销商品的途径，要想提高商品详情页的吸引力，就需要网店美工掌握详情页设计技巧，对页面进行精心设计，主要有以下 3 个方面。

1. 引起顾客兴趣

商品详情页制作的目的是推销商品，而推销商品的关键就是引起顾客的兴趣。只有顾客对商品详情页有了兴趣，才会有购物行为。放置商品详情页最前端的商品焦点图最能打动顾客，将商品放置在具体场景中进行展示可以带来身临其境的感受，最能引起顾客的共情，因此设计的第一技巧就是设计好焦点图和场景介绍，如图 6-8 和图 6-9 所示。

图 6-8　焦点图

图 6-9　场景介绍

2. 激发顾客潜在需求

顾客在浏览商品时往往会带着某种需求，但是这种需求往往表现得不是那么强烈，多体现为"随便看看"的形式。设计者可以通过商品的功能来打感情牌，如图 6-10 所示，可用惊人的年销售量等来激发顾客的潜在需求，从而促进商品销售。

3. 替顾客做出决定

很多进行浏览的潜在顾客犹豫不决，迟迟不肯下单，这时美工设计者就需要替顾客做出决定，促成购买。可以通过展示商品实力，或制造"物以稀为贵"的紧张气氛等方法，如图 6-11 所示。

图 6-10　激发顾客潜在需求

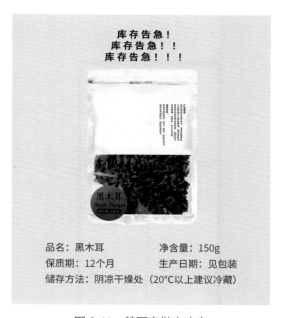

图 6-11　替顾客做出决定

6.1.4　课堂案例：制作玩具详情页

步骤 1：启动 Photoshop 软件，执行"文件"→"新建"命令，在打开的新建面板上设置参数，设置文件名称为"玩具详情页"，宽度为 790 像素，高度为 1707 像素，分辨率为 72 像素 / 英寸，颜色模式为 RGB 颜色，背景内容为白色，其他值为默认，如图 6-12 所示，生成文档"玩具详情页"。

步骤 2：选择工具箱中的"矩形工具"，在属性栏中设置"填充"颜色为 #f0b571，"描边"为无，在顶部绘制矩形，如图 6-13 所示。

步骤 3：找到本章节素材库文件夹 6.1.4，打开素材"熊 .jpg"图片，选择工具箱中的"魔棒工具"抠取主图，调整抠取图像的大小和位置，如图 6-14 所示。

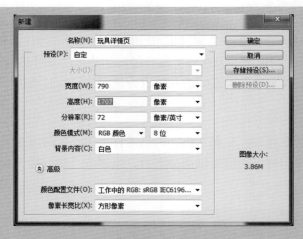

图 6-12　设置参数

图 6-13　绘制背景

图 6-14　导入素材

步骤4：选择工具箱中的"横排文字工具"，在背景的右上方输入文本"多种颜色可选"，设置参数，文本字体为黑体，文本字号大小为30点，文本颜色为#e58636，为文本添加白色投影。输入文本"多爱绒绒熊"，设置文本字体为黑体，文本颜色为#ffffff，"多爱"文本字号大小为72点，"绒绒熊"文本字号大小为36点，为文本添加#000000色投影，如图6-15所示。

步骤5：选择工具箱中的"圆角矩形工具"，在属性栏中设置"填充"颜色为#e78637，"描边"为无，在主图下方绘制圆角矩形。选择工具箱中的"横排文字工具"，在绘制的矩形上方输入文字"产品信息介绍"，设置输入文本字体为黑体，文本字号大小为30点，文本颜色为白色，效果如图6-16所示。

图 6-15　添加文本 1

图 6-16　添加文本 2

　　步骤 6：选择工具箱中的"矩形选区工具"，在主图耳朵部位绘制矩形选区，按下 Ctrl+J 组合键复制选区内容生成新图层，向下移动到合适位置，并设置两个像素，颜色为 #e78637 的描边，输入文本"可爱的耳朵"，完成耳朵细节图制作，如图 6-17 所示。

图 6-17　细节图耳朵

　　步骤 7：参照步骤 6，完成其他细节图的制作，完成效果如图 6-18 所示。

步骤 8：找到本章节素材库文件夹，将素材"测试 .jpg"图片拖曳到创建的背景中，调整抠取图像的大小和位置，完成详情页制作，如图 6-19 所示。

图 6-18　完成细节图　　　　　　图 6-19　完成效果

6.2　商品详情页商品焦点图设计

6.2.1　商品焦点图设计认知

　　商品焦点图是顾客进入商品详情页关注的第一个重点信息的模块，由商品、主题与卖点三部分组成，通过突出商品优势及放大商品特点来吸引顾客产生购买行为。

6.2.2　商品焦点图设计要点

　　商品焦点图设计时一般有明确主题、突出商品卖点和承上启下做好商品信息过渡两个目的。如何将商品的卖点通过文案与图片展现出来，打消顾客因不能实际接触商品所产生的疑虑，变得尤为重要。一般情况下，顾客通过单击主图进入商品详情页，因此商品焦点图要与主图衔接，让商品信息过渡自然。商品焦点图可以是主图信息的延伸，如图 6-20 所示。

图 6-20 焦点图延伸主图信息

6.2.3 商品焦点图设计方法

1. 添加徽标

对于已经拥有良好形象和广泛市场的成熟品牌商品，在产品焦点图的一角放置品牌 LOGO，可以有效地让顾客快速识别品牌，唤醒老客户的消费记忆，吸引更多新客户的关注和购买。小众品牌的 LOGO 虽然没有大的影响力，但是徽标的添加可以增加商品的正规感，也能使顾客在重复浏览中注意并逐步记住这个品牌，如图 6-21 所示。

商品焦点图
设计方法

2. 添加文本

充分利用焦点图画面空间，添加一些描述产品核心卖点、特色、打折信息等内容来刺激顾客购买欲望的文本，可以传递更多产品信息，如"买赠""包邮""正品"等，进一步吸引顾客单击主图。但需要注意的是，文本内容一定要简洁明了，有引发购买的能力，且不能遮挡产品主体，如图 6-22 所示。

图 6-21 添加徽标

图 6-22 添加文本

6.2.4 课堂案例：制作女鞋店铺焦点图

步骤1：启动Photoshop软件，执行"文件"→"新建"命令，新建一个大小为750像素×970像素、分辨率为72像素/英寸、名称为"女鞋店铺焦点图"的文件。找到本章节对应的资源库素材文件夹6.2.4，导入"女鞋1.jpg"图片并放置在顶部，调整为合适的大小，如图6-23所示。

步骤2：找到本章节对应的资源库素材文件夹6.2.4，导入"女鞋2.jpg图片"并放置在底部，调整为合适的大小，如图6-24所示。

图6-23 导入素材1

图6-24 导入素材2

步骤3：选择工具箱中的"矩形工具"，在属性栏中设置"填充"颜色为#e78637，"描边"为黑色，宽度为2点，在背景图上绘制矩形。选择工具箱中的"横排文字工具"，在绘制的矩形上方输入文字"秀出你的时尚范"，设置输入文本字体为黑体，文本字号大小为30点，文本颜色为#ffffff，效果如图6-25所示。

步骤4：选择工具箱中的"圆角矩形工具"，在属性栏中设置"填充"颜色为黑色，"描边"为#e78637，宽度为2点，在背景图上绘制两个大小合适的圆角矩形。选择工具箱中的"横排文字工具"，在绘制的圆角矩形上方输入文字"气质百搭"和"满千包邮"，设置输入文本字体为黑体，文本字号大小为30点，文本颜色为#ffffff，完成效果如图6-26所示。

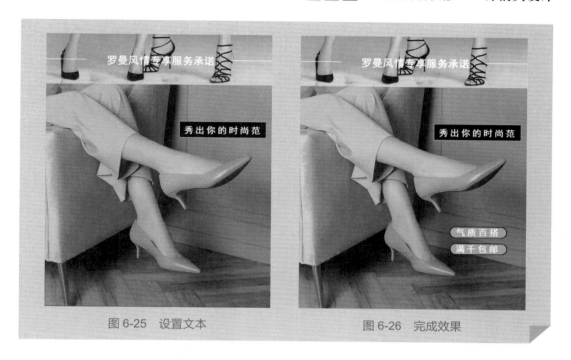

图 6-25　设置文本　　　　　　图 6-26　完成效果

6.3　商品详情页商品信息图设计

6.3.1　商品信息图设计认知

商品信息图可以细分为参数说明、尺码对照尺寸、颜色展示、全方位展示等区域，通过这些区域设计可以让顾客更加详尽地了解商品的样式、作用和品质。网店美工需要添加相应的参数和信息，让顾客更直观地了解商品。

6.3.2　商品信息图设计要点

商品信息图设计要注意信息的完整性和更新性。网店美工在进行商品信息设计时要注意商品信息表达的完整性，另外，商品信息要进行及时的更新和美化升级，避免出现新品旧数据的情况。

6.3.3　商品信息图设计方法

1. 参数法

网店店铺装修中，最常用的信息图设计方法便是参数法，可以根据参数的多少与商品的特征进行灵活的设计，可以是单纯的数据，也可以是数据与商品图片的结合，如图 6-27 所示。

UNIQLO尺寸 （商品尺寸）	商品尺寸/cm						
	腰围	臀围	裤长	底裆宽	上裆	裤脚宽度	裤内裆长
110（110/50）	48	76.5	60	24.5	20.5	14.5	39.5
120（120/53）	51	81.5	67	26	21.5	15	45.5
130（130/56）	54	86.5	74	27.5	22.5	15.5	51.5
140（140/60）	57	91.5	80	29	23.5	16	56.5
150（150/63）	60	96.5	86	31	24.5	17	61.5
160（160/66）	63	100.5	90	32	25.5	17.5	64.5

图 6-27　使用参数法设计

2. 效果对比法

商品的大小、功能、效果等除用参数表示外，还可以通过对比的方式进行展示。需要注意的是，要与自己的产品进行对比，切记不能与他人的商品对比，或违反相关法律规定，如图 6-28 所示。

3. 颜色展示法

商品信息的展示方法有很多，店铺详情页中可以向顾客展示商品的各种颜色，还可以从多个角度展示商品效果，配有精简的文字，让顾客对产品一目了然，如图 6-29 所示。

图 6-28　使用效果对比法设计

图 6-29　使用颜色展示法设计

6.3.4 课堂案例：制作茶叶店铺商品信息图

步骤1：启动 Photoshop 软件，执行"文件"→"新建"命令，新建大小为 750 像素 ×2912 像素、"分辨率"为 72 像素/英寸、名为"茶叶店铺商品信息图"的文件，填充背景颜色为 #3e8672，如图 6-30 所示。

课堂案例：制作茶叶店铺商品信息图

步骤2：选择工具箱中的"横排文字工具"，在背景顶部居中位置输入文本"产品信息"和"选择我们的理由"。设置文本"产品信息"字体为黑体，文本字号为 60 点，文本颜色为 #ffffff。设置文本"选择我们的理由"字体为黑体，文本字号为 30 点，文本颜色为 #ffffff。选择工具箱中的"直线工具"，在两个文本之间绘制白色分隔线。效果如图 6-31 所示。

图 6-30 新建文件

图 6-31 输入文本信息

步骤3：找到本章对应的资源库素材，导入"茶叶 1.jpg"图片，并放置在文本下面，微调大小，效果如图 6-32 所示。

图 6-32 导入素材

步骤4：参照步骤3，依次导入素材"茶叶 2.jpg"图片、"茶叶 3.jpg"图片和"茶叶 4.jpg"图片，完成效果如图 6-33 所示。

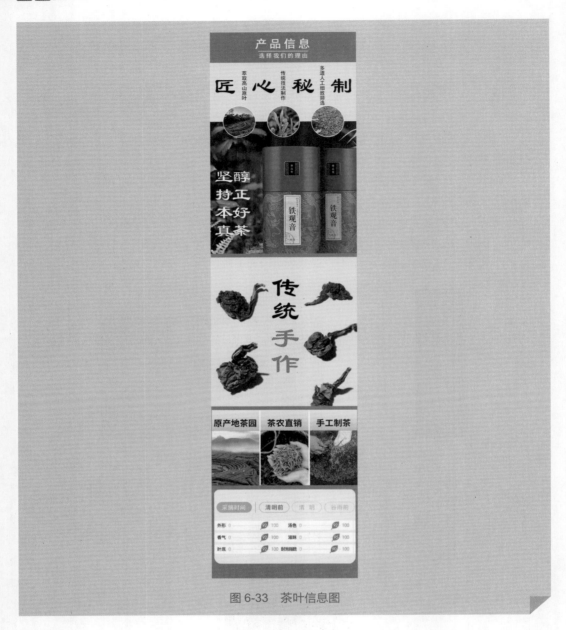

图 6-33　茶叶信息图

6.4　商品详情页商品细节图设计

　　当顾客了解商品基本信息后，对于是否下单购买还存在顾虑，因此需要用商品细节图更清晰直观地向顾客展示细节，让顾客近距离观察商品，进而帮助顾客下定决心购买商品。商品细节图以取得顾客信任、提高顾客体验为目的。

6.4.2　商品细节图设计要点

1. 细节放大方式

要凸显出商品本身的主要特点，可以放大商品重点部位的细节，犹如拥有一个可以移动的放大镜，顾客在看到完整商品的同时，还可以直观地了解商品的材质、纹理等细节信息，多应用线条和箭头等元素将细节图与商品图连接起来，或用简单的说明性语言来描述产品细节。凸显出商品本身的主要特点，这种表现方法既有宏观的整图，又有深入人心的细节展示，非常适合外形特大商品细节展示或者体积较小、部件较多的商品展示，如图 6-34 所示。

2. 元素图解方式

通过元素图解的方式表现商品部分元素含量，并利用简短的文字告知顾客关心的信息，这种方式比细节放大方式更为简单，无须进行连接指示。如图 6-35 所示，设计者将包的拉链等元素放大，并通过文字对该部分细节进行说明，尽管没有指示各部分细节位于商品的哪个位置，但我们很容易自己判断出来。

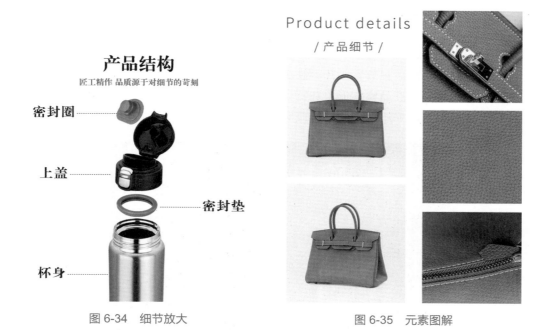

图 6-34　细节放大　　　　　　　　图 6-35　元素图解

3. 尺寸展示方式

经常有顾客购买商品后要求退货，其中很大一部分原因是虽然注意到产品本身细节，但产品尺寸和预期的相差太多，这说明网店产品详情页的图片有时不能完全反应产品的真实情况，这是因为图片拍摄时没有参照物，即便有参照物作为对比，也没有具体的宽度和高度概念，因此具体尺寸展示成为重要的商品细节表现方法，有商品标注和文字阐述两种形式，如图 6-36 所示。

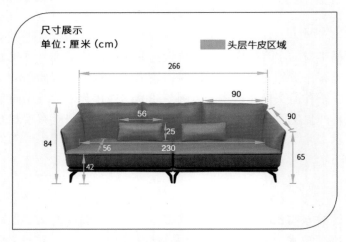

图 6-36　尺寸展示

6.4.3　商品细节图设计方法

1. 使用文字对细节直接说明

在产品细节展示时，只放置图片而缺少必要的文字说明，内容会显得很单一，并且不能完整、准确地展示商品整体形象和特点。通常使用标题文字和段落文字组合的方式进行说明，也可根据需要进行并列信息或商品参数的逐一介绍，如图 6-37 所示。

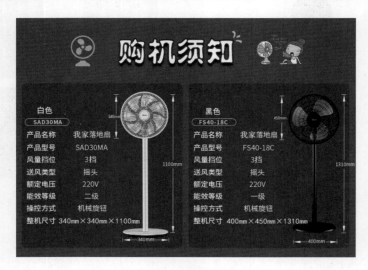

图 6-37　文字说明

2. 添加素材对细节直观说明

　　添加和绘制素材不仅能让商品图之间产生一定联系，还能对画面的布局进行规范，因此在设计商品细节图时必不可少。常用素材有箭头、聊天气泡、规则几何图形。如图 6-38 所示，矩形作为说明文字边框，使其工整地显示在固定的区域内，对画面起了很好的规范作用。

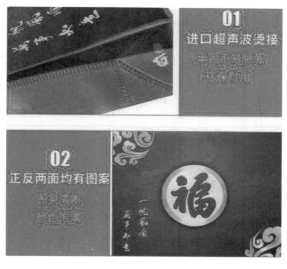

图 6-38　添加素材

6.4.4　课堂案例：制作女包细节图

　　步骤 1：启动 Photoshop 软件，执行"文件"→"新建"命令，新建大小为 750 像素 ×1190 像素、分辨率为 72 像素 / 英寸、名称为"女包细节图"的文件，填充背景颜色为 #ccf6e1，如图 6-39 所示。

课堂案例：制作女包细节图

　　步骤 2：选择工具箱中的"横排文字工具"，在背景顶部居中输入文本"FEMALE SHOES"和"商品细节展示"，设置文本字体为黑体，文本字号大小适中，文本颜色不限。将两个文本图层进行合并，如图 6-40 所示。添加图层样式为"渐变叠加"，选择渐变预设中的"铜色渐变"，单击"确定"按钮，完成标题文本输入，如图 6-41 所示。

　　步骤 3：找到本章节对应的资源库素材文件夹 6.4.4，导入"细节 1.jpg"图片、"细节 2.jpg"图片和"细节 3.jpg"图片，放置在合适的位置，效果如图 6-42 所示。

　　步骤 4：选择工具箱中的"横排文字工具"，输入文本"新兴科技 独一无二"和"独特创新 简约时尚"，设置文本字体为黑体，文本字号大小为 36 点，文本颜色不限。分别为文本添加图层样式"渐变叠加"，选择渐变预设中的"铜色渐变"，完成宣传语文本输入，如图 6-43 所示。

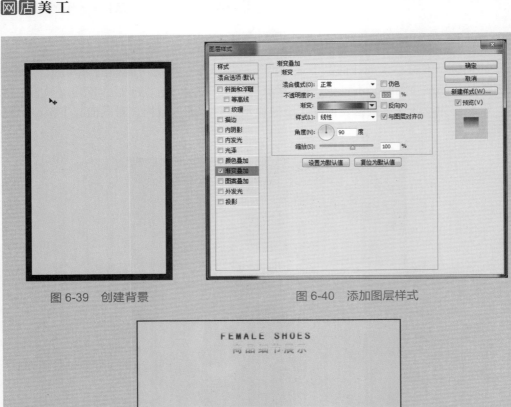

图 6-39 创建背景 　　　　　　　　　　图 6-40 添加图层样式

图 6-41 标题文本输入

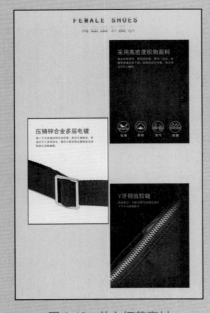

图 6-42 放入细节素材

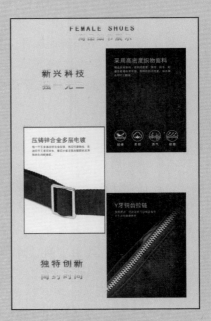

图 6-43 完成效果

▶▶▶ 拓展实训

某童鞋店铺要进行详情页装修，请你根据所学内容和设计方法，明确设计思路，完成下面两个实训。

实训一

实训内容：在互联网平台上找出两家童鞋店铺，思考如果你是顾客，会选择哪家进行下单购买，并说明购买原因。

实训要求：独立阐述。

知识检验：店铺详情页整体认知、店铺详情页视觉设计认知。

操作流程：收集信息，选择店铺，阐述原因。

实训二

实训内容：制作如图6-44所示某童鞋店铺详情页。

实训要求：独立完成某童鞋店铺详情页制作。

知识检验：熟知详情页内容、正确调取素材，文本输入等。

操作流程：新建750像素×4000像素文件，依次调入素材，素材调整，选取"横排文字工具"输入文字。

图6-44 效果图

第7章

网店店铺装修——店铺推广图

 章节目标

知识目标:（1）了解和认知推广图。

（2）掌握促销广告图设计。

（3）掌握直通车推广图设计。

（4）掌握钻展图设计。

技能目标:（1）能够运用 Photoshop 相关操作与命令进行直通推广图设计。

（2）能够运用 Photoshop 相关操作与命令进行钻展图设计。

 学习重点、难点

学习重点: 店铺直通车推广图与钻展图设计。

学习难点: 推广图与促销广告图的区别。

思政导学

　　通过本章的学习，读者应掌握电商促销广告图、直通车推广图和钻展图等网店店铺装修中推广图的设计与制作。在实践操作中引导读者对电商平台广告与推广建立正确、科学的认知。店铺推广图是吸引顾客的关键，但绝不能为了吸引眼球而忽略推广图的创作水平，只有与时俱进，正能量内容才能满足人民大众日益增长的精神文化需要，从实际出发、贴近生活，贴近顾客才能站得住，走得远。

　　在完成店铺首页和详情页的装修后，可以在一定程度上提高转化率，但商家也不能被动地等待顾客上门，而是应该主动对店铺和商品进行推广，让更多人有机会了解自己的店铺，以获取更多的流量，从而提高销售业绩。而这些推广活动页需要网店美工应用 Photoshop 软件进行装修美化。本章将对促销广告、直通车推广图、钻展图等几种主要推广方式的设计与制作进行讲解，具体包括促销广告的尺寸与规范、促销广告的标准、促销广告的类型，直通车推广图设计思路与方法、直通车推广图设计技巧，钻展图的含义和钻展图的标准，帮助网店美工制作者更好地进行店铺推广和创意装修工作，实现美化店铺和促进商品销售的目的。

　　任何优秀的电商店铺推广都离不开优质的图片和促销活动。图片是电商店铺营销的基础与灵魂，无论是开门见山的首页，还是信息内容丰富的详情页，图片都占据着重要的位置；促销活动是电商店铺营销的重要手段。本章节将分别以高单击率推广图和促销活动页视觉设计为主要阐述方向，介绍推广图和促销活动页的相关理论知识与设计技巧。

7.1　促销广告设计

7.1.1　促销广告设计尺寸与规范

　　一般情况下，可根据计算机显示的屏幕大小来设定，常见宽度有 800 像素、1024 像素、1280 像素、1440 像素、1680 像素和 1920 像素，高度可根据需求设置在 150 像素至 800 像素范围内。

7.1.2　促销广告设计标准

1. 突出主题

　　促销广告内容从吸引眼球到被单击，通常只需几秒，这就要求促销广告在有效时间内让顾客了解所有活动信息，因此价格折扣、包邮、活动起止时间等迎合"促销"的内容成为需要重点突出的内容，需要放置在图片

促销广告设计标准

视觉焦点的位置，让浏览者明确感受到促销的氛围。如图 7-1 所示，促销活动的主题放在广告图的左侧中心位置，且选用了对比明显的颜色，主题更加突出。

2. 明确目标

不管是淡旺季促销，还是节假日活动，促销都是要达成购买的目的，因此设计时要考虑清理库存、推介新品、吸引人气、传递信息等关键的促销内容表达方式，以及对应的消费群体喜好，不能只为了追求画面的美感，忽略活动广告的本质。

3. 统一风格

与钻展图设计方法类似，促销广告图同样要考虑设计元素的风格统一。如图 7-2 所示，农家锅巴促销广告，采用古香古色的木质背景，文字搭配与装饰也凸显了其传统的农家风格。

图 7-1　突出主题　　　　　　　　　　图 7-2　统一风格

4. 排版布局

任何时候，合理的排版与布局都能让浏览者感受到阅读的快乐，但排版与布局没有固定规律，需要灵活运用与搭配，一图一样，才有利于视觉传达。如图 7-3 所示，以切割方式布局，画面活泼灵动，一目了然。

5. 搭配色彩

促销广告的配色十分重要，顾客在浏览店铺促销广告时，最先映入眼帘的是画面整体色调，冷色或暖色，明朗鲜艳或素雅质朴，不同的色彩倾向会给人不同的印象。根据产品特点和属性合理地搭配色彩，可以使顾客快速融入产品广告所营造的氛围。如图 7-4 所示，以橙子自身颜色为主体色彩搭配，画面鲜明突出。

图 7-3　排版布局

图 7-4　搭配色彩

7.1.3　常见促销广告类型

1. 会员、积分促销

这种促销方式不仅可以吸引老顾客回购，也可以拓展新顾客，会员特惠、积分换购都可以增加顾客对网店、微店的忠诚度，如图 7-5 所示。

图 7-5　积分促销

2. 折扣促销

折扣促销也称打折促销，因为可以让顾客直接感受到实惠，所以是目前最常用的一种阶段性促销方式。折扣促销包括以节假日为由直接进行折扣；采用几件商品进行打包组合的变相折扣；选择合适的赠品进行买赠促销活动等方式。

3. 红包促销

红包促销是淘宝电商店铺最常用的一种促销方式，店铺可以根据各自的不同情况制定红包赠送规则和使用规则，让顾客直接得到实惠，如图 7-6 所示。

图 7-6　红包促销

4. 抽奖促销

每位顾客都有或深或浅的博彩心理，而抽奖促销正好迎合了顾客的这种心理，超值有诱惑的奖品对顾客有很大的吸引力，简单易操作的参与方式会让顾客更乐于参与抽奖活动，如图 7-7 所示。

图 7-7　抽奖促销

5. 赠送样品促销

由于物流成本原因，这种促销方式目前在电商店铺促销活动中应用不是太多，但这种方式可以让顾客产生对产品的信任度和忠实度，尤其是效果过硬的化妆品、保健品等商品，如图 7-8 所示。

6. 秒杀促销和拍卖促销

秒杀促销和拍卖促销是互联网上最吸引人气的促销方式之一，"整点秒杀""一元拍"都会让顾客有"机不可失"的感受，可以大大提升商品成交机会，如图 7-9 所示。

图 7-8　赠送样品促销

图 7-9　秒杀促销

7. 电商平台的促销活动

淘宝网等电商平台会不定期地组织不同的活动，参与活动的店铺容易让更多的人关注到自己的店铺，有更多"露脸"的机会，所以要积极参与，吸引更多的潜在顾客。

7.1.4　课堂案例：制作"双十一"促销广告

步骤1：启动 Photoshop 软件，执行"文件"→"打开"命令，找到本章节对应资源库素材文件夹 7.1.4，打开素材文件"背景.jpg"图片，如图 7-10 所示。

图 7-10　打开背景图片

步骤2: 选择工具箱中的"横排文字工具",输入文本"大战双十一 抢优惠券",设置文本字体为黑体,文本字号大小为36点,并为文本添加"渐变叠加"图层样式,叠加样式为"橙-黄-橙"渐变,效果如图7-11所示。

图7-11 添加文本效果

步骤3: 找到本章节对应的资源库素材文件夹7.1.4,导入素材"5折.jpg"图片,选择工具箱中的"快速选择工具",抠取"5折起包邮"内容,移至背景图像上,调整为合适的大小,并为其添加图层样式"投影",如图7-12所示。

图7-12 设置包邮素材

步骤4: 找到本章节对应的资源库素材文件夹7.1.4,导入素材"拖鞋.jpg"图片,抠取主图拖鞋,调整为合适的大小,放在合适的位置,如图7-13所示。

图7-13 放置拖鞋素材

步骤5: 参考步骤4的方法和过程,分别导入"衣服.jpg"图片素材和"帽子.jpg"图片素材,放置在合适的位置,完成效果如图7-14所示。

图 7-14　完成效果

7.2　直通车推广图设计

7.2.1　直通车推广图设计思路与方法

参加直通车的商品，主要展示在关键词搜索结果页、顾客高度关注的展位等重要位置；在进行直通车推广图设计时要体现卖点的精准性、构图的合理性；遵循分析顾客的心理需求和图片差异，提炼有诱惑力的卖点和使用大众好评的方法达到直通车图片引流的目的。

7.2.2　直通车推广图设计技巧

1. 掌控定位与风格

一般推广图尺寸为 310 像素 ×310 像素，是顾客进入店铺首先获取信息来源的图片。通常情况下，直通车推广图的定位直接影响该商品所要投放的位置，因此要分析商品所对应的消费群体的喜好、消费能力、潜在购买意识和生活习惯等因素来确定设计风格与促销方式。如图 7-15 所示，同

直通车推广
图设计技巧

图 7-15　风格定位推广图

样是女包的直通车推广图，左侧针对的群体是青年白领，制作时就要走年轻、时尚的青春风；右侧针对的群体是中年女士，她们更看中商品的品位和质感，所以在设计时要重点打造商品的高端大气，定位高品质。

图 7-16　突出卖点

2. 突出卖点与位置

由于篇幅尺寸限制，在商品主图中出现的店铺或商品信息只能以徽标的形式放在店招上，而集中展示商品本身才是主图的主要功能。在设计时还要考虑一般顾客都有先浏览图片再浏览文字的习惯，因此不要让大量的文字覆盖图片，形成"牛皮癣"，不仅干扰先图后文的浏览顺序，还影响商品展示的完整性和主导性，如图 7-16 所示。

3. 图片清晰与色彩

清晰的图片更显质感，清晰是直通车图片最基本和最重要的要求，运用 Photoshop 等软件把较暗的图片调整为较亮效果，把模糊的图片调整为清晰的效果等，都可以适当提高图片本身的清晰度。另外，简洁的背景色或者背景与商品颜色差异大的用色方法也可以从感官上让商品部分显得尤为清晰，如图 7-17 所示。

4. 懂得排兵与布阵

在制作直通车推广图时，要注意优化文字信息，用最简洁的内容对应最精准的商品特点，切忌胡乱排布文字，让画面杂乱不堪，所有的文字都要统一居左或居右，一般情况下文字的字体、颜色和行距等都要尽量统一，如图 7-18 所示。

图 7-17　图片清晰

图 7-18　文字排版

7.2.3　课堂案例：制作剃须刀直通车推广图

步骤 1：启动 Photoshop 软件，执行"文件"→"新建"命令，新建一个 800 像素 × 800 像素、分辨率为 72 像素 / 英寸、背景颜色设置为 #b9bede、文件名称为"剃须刀直通车"的文件，如图 7-19 所示。

步骤 2：选择工具箱中的"矩形工具"，在工具属性栏中设置"填充"为 #ffe6df，"描边"为无，在画面上方绘制矩形，并为其添加"图层样式"为"投影"，设置投影颜色为 #b9bede，单击"确定"按钮后即可完成样式添加，效果如图 7-20 所示。

图 7-19　创建背景

图 7-20　绘制矩形

步骤 3：选择工具箱中的"矩形工具"，在工具属性栏中设置"填充"为 #ffe6df，"描边"为无，在画面右侧绘制大小合适的矩形。继续选择"矩形工具"，在工具属性栏中设置"填充"为 #cfe7ee，"描边"为无，在画面左侧绘制矩形，效果如图 7-21 所示。

步骤 4：选择工具箱中的"椭圆工具"，在工具属性栏中设置"填充"为 ##ffe6df，"描边"为无，在画面绘制大小各不相同的 4 个圆形，放置在合适的位置，并为其添加"图层样式"为"投影"，设置投影颜色为 #b9bede，投影距离为 20，效果如图 7-22 所示。

步骤 5：找到本章节对应的资源库素材文件夹 7.2.3，执行"文件"→"打开"命令，打开素材文件"剃须刀.jpg"图片，将其拖曳到所创建的"剃须刀直通车"文件上，选择工具箱中的"快速选择工具"，抠取主图"剃须刀"，调整到合适的位置，如图 7-23 所示。

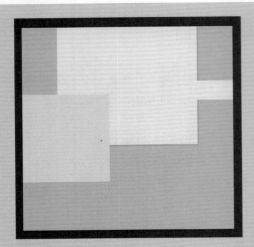

图 7-21　完成所有矩形绘制

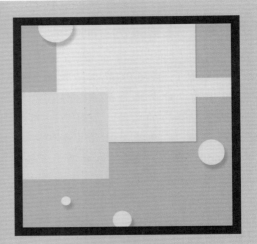

图 7-22　绘制圆形装饰

步骤 6：选择工具箱中的"横排文字工具"，在画面左侧矩形中输入文本"顺滑触感 净爽剃须"，设置文本字体为黑体，文本字号大小为 60 点，文本颜色为 #283943，效果如图 7-24 所示。

图 7-23　调入剃须刀主图

图 7-24　输入广告语

步骤 7：选择工具箱中的"矩形工具"，在工具属性栏中设置"填充"为 #283943，"描边"为无，在画面左侧绘制大小合适的矩形。选择工具箱中的"横排文字工具"，在刚才绘制的矩形上输入文本"精品剃须刀专场"，设置文本字体为黑体，文本字号大小为 30 点，文本颜色为 #ffffff，效果如图 7-25 所示。

步骤 8：选择工具箱中的"直排文字工具"，沿画面中左侧矩形边缘线处输入文本"SING FOR YOU"，设置文本字体为楷体，文本字号大小为 48 点，文本颜色为 #111214，完成效果如图 7-26 所示。

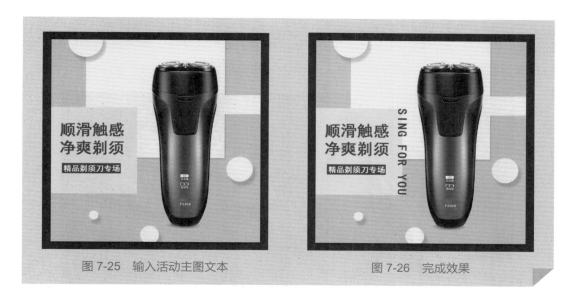

图 7-25　输入活动主图文本　　　　图 7-26　完成效果

7.3　钻展图设计

7.3.1　钻展图的含义

放置在钻石展位的商品图片被称为钻展图，其全称为钻石展位图图像，是电商店铺图片类广告位竞价投放平台。它以 CPM（每千次浏览单价）为计费单位，按流量竞价售卖广告位。因此按流量竞价卖考察钻石展位图图像性价比的关键点在于单击率。在相同成本和展现量一样的情况下，钻展图的单击率越高，说明引流效果越显著，促成的购买率越高。范围广、定向精准和实时竞价是钻展图的三大特点。

7.3.2　钻展图设计标准

（1）尺寸各异。与直通车不同，钻展图的尺寸有 300 像素 ×100 像素、300 像素 ×250 像素、190 像素 ×90 像素等，因投放地点不同而尺寸各异。对应淘宝和天猫首页、站外门户、站外社区和手机淘宝等网站的钻展图尺寸就高达数十种。针对的人群不同，钻展图的位置和尺寸也不同。另外，消费群体的兴趣点也影响钻展图的位置。

（2）目标明确。钻展图投放的目的可以是引流到聚划算，可以是预热节日活动，可以是推介新品，还可以是宣传品牌形象。因此要保障单击率，卖家一定要明确自己的营销目的，有针对性地选择素材和设计制作。

（3）创意无限。创意并不是在短期内就可以随随便便产生的，它需要灵感和日积月累，这个过程中能够抓住创意的针对对象，对设计者来说不失为发掘创意的好方法。如

图 7-27 所示，两张商品图内容都是展示鞋子，但第一张却采用相机转位的方法，用不同的角度进行表现，采用正侧面结合的方法，尤其是正面的表现，视觉冲击力很强，更容易吸引顾客；而侧面角度因其常见，在吸引力和新鲜感上差了几分。

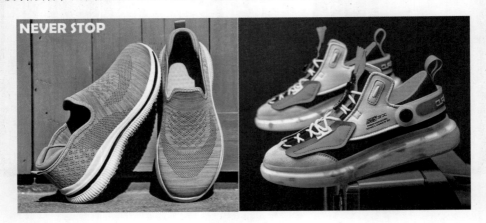

图 7-27　创意无限

（4）重点突出。钻展图可以是商品图片，也可以是创意方法，还可以呈现顾客的诉求，但在设计时，都需确定重点表现元素。如图 7-28 所示，美术生专用是图片重点突出对象，因此元素用色明朗、尺寸比例较大。因为钻展图更重要的意义在于电商店铺进行产品推广，带来流量，重点突出，才可以吸引更多顾客单击。

（5）风格统一。形式美观的钻展图可以吸引顾客的眼球，设计时要考虑图片设计风格与主题统一，形成强有力的视觉效果，激发顾客潜在的购买欲望。如图 7-29 所示，图片与文字都非常简洁大方，前后背景色相一致，突出了"买 2 发 4"的活动主题。

图 7-28　重点突出

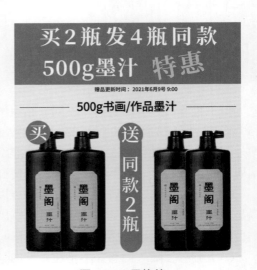

图 7-29　风格统一

7.3.3　课堂案例：制作情人节鲜花钻展图

步骤 1：启动 Photoshop 软件，执行"文件"→"新建"命令，新建一个 800 像素 ×800 像素、分辨率为 72 像素 / 英寸、背景颜色设置为 #dc1250、文件名称为"鲜花钻展图"的文件，如图 7-30 所示。

步骤 2：选择工具箱中的"圆角矩形工具"，在工具属性栏中设置"填充"颜色为渐变色，参数如图 7-31 所示；"描边"为无，绘制圆角矩形，效果如图 7-32 所示。

课堂案例：制作情人节鲜花钻展图

图 7-30　创建文件

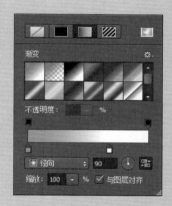

图 7-31　渐变参数

步骤 3：选择工具箱中的"圆角矩形工具"，在工具属性栏中设置"填充"颜色为 #dc1250，"描边"为无，在左上角绘制圆角矩形。选择工具箱中的"横排文字工具"，在刚绘制的矩形上输入文本"LOGO"，设置文本字体为黑体、文本字号为大小为 72 点，文本颜色为 #ffffff，效果如图 7-33 所示。

图 7-32　渐变圆角矩形

图 7-33　输入 LOGO

步骤4：找到本章节对应的资源库素材文件夹7.3.3，导入素材"鲜花.jpg"图片，抠取主体内容，调整到合适的位置，如图7-34所示。

步骤5：选择工具箱中的"横排文字工具"，在底部输入文本"全国配送 同城2小时送达"，设置文本字体为黑体，文本字号大小为48点，文本"全国配送"颜色为#000000，并为其添加"投影"样式，文本"同城2小时送达"颜色为#ffffff，效果如图7-35所示。

图7-34　调入鲜花素材

图7-35　添加文本1

步骤6：选择工具箱中的"横排文字工具"，在画面左上角输入文本"2月1日0点开抢 爆款直降"，设置文本字体为宋体，文本字号大小为30点，文本颜色为#ffffff，并为其添加"图层样式"为"描边"，描边颜色为#dc1250，效果如图7-36所示。

步骤7：选择工具箱中的"横排文字工具"，在画面右下角输入文本"情人节特惠¥199束"，设置文本字体为宋体，文本字号大小为48点，其中"¥"和"束"为30点，文本颜色为#ffffff，效果如图7-37所示。

图7-36　添加文本2

图7-37　完成效果

▶▶▶ **拓展实训**

　　六一儿童节马上到了，电商卖家"酷比玩具"应节日需求，为增加店内人气、拥有更多客户准备做一次大型促销活动，请你帮助卖家完成下面的任务。

　　实训内容：制作如图 7-38 所示的促销活动钻展图。

　　实训要求：个人独立完成钻展图制作。

　　知识检验：钻展图理论知识和视觉设计方法。

　　操作流程：设置背景，调入主图图片素材并处理，调入赠品图片素材并处理，调入文字素材并处理，设置路径文字，设置其他文字信息。

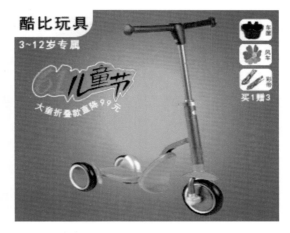

图 7-38　完成效果

第8章

手机端店铺设计

 章节目标

知识目标:（1）了解手机移动端网店美工设计理论。

（2）掌握手机移动端店铺首页网店美工设计方法。

（3）掌握手机移动端店铺详情页网店美工设计方法。

技能目标:（1）能够运用 Photoshop 相关操作与命令制作手机移动端网店首页设计。

（2）能够运用 Photoshop 相关操作与命令制作手机移动端微店详情页设计。

 学习重点、难点

学习重点: 手机移动端店铺网店设计。

学习难点: 手机移动端店铺视觉设计与 PC 端店铺视觉设计的区别。

思政导学

　　通过本章的学习，读者应掌握网店美工手机端店铺首页和手机端店铺详情页的设计与制作。互联网环境的快速发展让手机购物炙手可热，但也要明白，手机移动端购物为我们提供快捷、方便的同时，也存在一定的弊端与风险，因此不可过度依赖手机，盲目消费，造成不必要的经济损失，通过自律、自强的方式阻止平时不必要的花销，树立健康、绿色、科学的消费观念，弘扬勤俭节约的传统美德。

　　随着互联网的发展和科技的进步，越来越多的买家选择通过手机移动端店铺进行购物，这是因为手机移动端店铺所具备的特点给予了他们很好的用户体验，但这些特点并不足以让顾客决定购买，卖家还需要对店铺进行个性化且更有亲和力和美观性的设计，对店铺的各个细节进行优化，才能给店铺营造良好的购物氛围，让顾客最终被店铺所吸引并完成购买，但电商商家都知道，手机端店铺与PC 端店铺不同，其页面设计存在很大的差别，若将 PC 端的设计直接平移到手机端可能会造成整体页面效果不佳等问题，因此本章将向读者详细阐述手机端店铺首页模块组成、设计特点、设计注意事项和手机端店铺详情页特征及设计要点，帮助读者实现完美的手机端店铺设计。

8.1　手机端店铺首页设计

　　随着网上购物的兴起与狂热，手机移动端网店购物也随之快速、迅猛地发展起来。很显然，卖家已经意识到手机移动端电商的优势和重要，依附于智能手机这一平台进行移动端商品店铺视觉设计是促进商品销售最有利的渠道之一，带来的产品销售量更不容小觑。我们首先来看手机端店铺首页设计需要掌握哪些内容。

8.1.1　手机端店铺首页模块组成

　　手机端店铺首页一般包括店招（图 8-1）、标题、焦点图（图 8-2）、优惠券、左文右图

图 8-1　店招

（图 8-3）、套餐搭配、文本和商品八大模块。

图 8-2　焦点图

图 8-3　左文右图

8.1.2　手机端店铺首页设计特点

1. 店招

手机移动端淘宝店铺首页店招常用尺寸为 640 像素 ×200 像素，支持 JPG、GIF 和 PNG 等格式，如图 8-4 所示。

图 8-4　店招

2. 标题

标题是用于区分商品类别、展示店铺优势和品牌理念的最直观途径，最多支持

12 个中文字符。

3. 焦点图

手机移动端淘宝店铺焦点图也叫轮播图，与 PC 端首页海报设计相同，通常被放置在店铺的首焦页面，也就是手机第一屏中可以被顾客快速看到的关键位置。建议焦点图片的尺寸为 608 像素 ×304 像素，图片格式为 JPG、PNG，如图 8-5 所示。

图 8-5　焦点图

4. 优惠券

优惠券要求重点醒目、明确、互动性强，可以快速引起顾客兴趣与参与性，如图 8-6 所示。

图 8-6　优惠券

5. 左文右图

左文右图一般用于店铺活动宣传和店铺文化介绍等，制作时考虑添加引导顾客单击的按钮。

6. 套餐搭配

套餐搭配是将店铺搭配套餐告知顾客，以提高成交量。

7. 文本

受篇幅影响，文本最多支持 50 个中文字符，可对商品进行特别说明，作为商品与商品之间的分割，如图 8-7 所示。

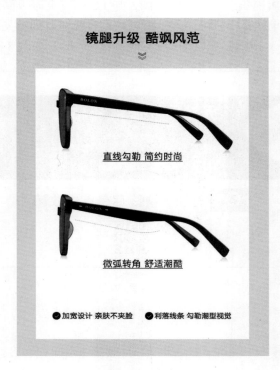

图 8-7　文本

8. 商品

网店美工在布局时要尽量将主营商品全部覆盖，重点突出王牌商品和热销商品。

8.1.3　手机端店铺首页设计注意事项

1. 注重视觉的习惯性与舒适性

网店美工在进行店铺装修时要从顾客的购物习惯、视觉流程出发，以大图为主，适当搭配颜色，给人零距离的舒适体验。

手机端店铺首页
设计注意事项

2. 控制页面长度合理性

一般情况下，顾客习惯自上而下浏览狭长的手机页面，这就要求页面篇幅不能太多，控制在 6 个以内为最佳。

3. 把握页面内容整体性

页面内容整体性要求网店美工在设计时让整个画面和谐统一，各页面间相互衔接，从而快速吸引顾客注意，达成交易。

4. 做到与 PC 端的视觉统一性

同一商品或商家，手机端店铺内容与 PC 端店铺内容相互呼应，具有相通的视觉符号和统一元素，可提高品牌的关联性。

8.1.4 课堂案例：制作手机端水果店铺首页

步骤 1：启动 Photoshop 软件，执行"文件"→"新建"命令，新建一个 608 像素 ×1885 像素、分辨率为 72 像素 / 英寸、名称为"手机端店铺首页"的文件，如图 8-8 所示。

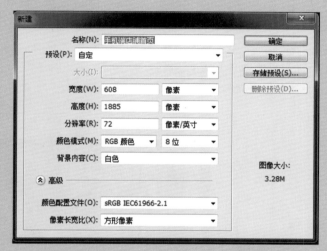

（a）文件参数　　　　　　　　　　　　　　　（b）文件效果

图 8-8 创建背景

步骤 2：找到本章对应的素材文件夹 8.1.3，执行"文件"→"打开"命令，打开素材"水果电招 .jpg"图片，拖曳至画面顶端，如图 8-9 所示。

图 8-9 调入店招素材

步骤 3：找到本章对应的素材文件夹 8.1.3，执行"文件"→"打开"命令，打开素材"促销海报 .jpg"图片，拖曳至画面店招下部，如图 8-10 所示。

图 8-10　调入促销海报

步骤 4：找到本章对应的素材文件夹 8.1.3，执行"文件"→"打开"命令，打开素材"水果优惠券 .jpg"图片，拖曳至画面海报下部，如图 8-11 所示。

步骤 5：找到本章对应的素材文件夹 8.1.3，执行"文件"→"打开"命令，打开素材"水果 1.jpg"图片，拖曳至画面优惠券下部左侧，如图 8-12 所示。

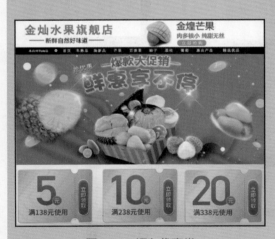

图 8-11　调入优惠券　　　　　　　　　　　图 8-12　调入水果

步骤 6：选择工具箱中的"横排文字工具"，在"水果 1"右侧输入文本"酸爽香甜 一果两果 尽在百香果"，设置文本字体为黑体，文本字号大小为 48 点，文本颜色为 #c90b29，效果如图 8-13 所示。

步骤 7：参照步骤 5、步骤 6，依次调入"水果 2.jpg"图片、"水果 3.jpg"图片、

"水果4.jpg"图片，并输入相应的文本，完成效果如图8-14所示。

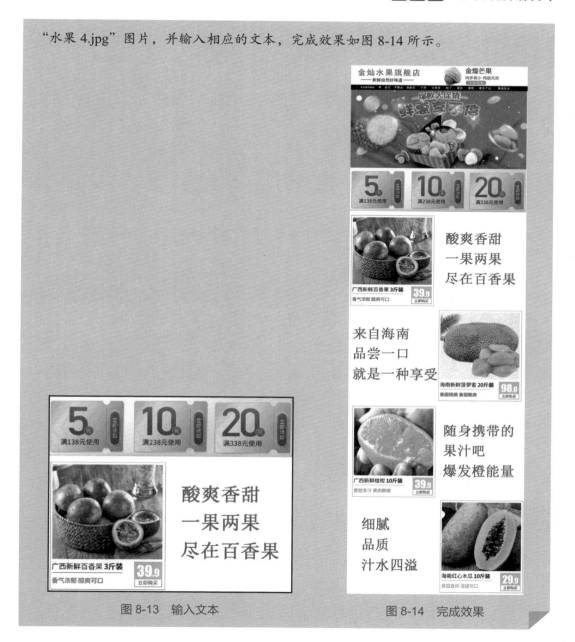

图8-13　输入文本　　　　　　　　　　　　图8-14　完成效果

8.2　手机端店铺详情页设计

手机端电商店铺和PC端电商店铺一样，也包含详情页，但由于手机与计算机的图片尺寸要求不同，因此要让手机客户获得良好的购物体验，网店美工必须要了解移动端店铺详情页的特征和设计要点，才会避免出现显示不全或排版混乱的情况。

8.2.1 手机端店铺详情页特征

手机端店铺详情页有以下 5 个特征，掌握这 5 个特征就可以在一定程度上决定店铺流量的转化率。

1. 图片尺寸更小

单张图标准尺寸 480 像素 ≤ 宽度 ≤620 像素，高度 ≤960 像素。

2. 卖点更加精练

由于手机端篇幅受限，因此更加注重在最短的时间内放大顾客的购买欲望。

3. 场景更加丰富

手机顾客多在床上、车上或者步行中等多场景购物，因此手机端店铺详情页可添加更多贴近生活的多场景，拉近和顾客的距离。

4. 页面吸引力

手机端电商页面不同于 PC 端页面切换灵活和方便，因此手机端店铺详情页的内容一定要有很强的吸引力，可以快速打动顾客。

5. 页面容量更小

手机端店铺详情页的总大小（图片 + 文字 + 音频）不得超过 1.5MB，否则将导致页面加载缓慢，消耗顾客更多的流量，长时间等待也会让一部分顾客失去耐心。

8.2.2 手机端店铺详情页设计要点

基于手机端店铺详情页的特征，在设计手机端店铺详情页时要注意以下 3 个要点。

1. 控制图片大小

手机端店铺详情页设计时图片的体积不能太大，否则会影响加载速度，影响顾客购物体验，要求在保证图片清晰的前提下尽量压缩图片，尤其是细节图，要让顾客能够看得见，看得清，进而产生购买的欲望。

2. 把握文字大小

手机端店铺详情页上的文字不能过小，否则会造成信息不清楚的现象。

3. 突出商品重点

手机端店铺详情页因篇幅所限，要合理控制页面展示的信息量，一些无关紧要的内容能省则省，突出商品重点，提高顾客的购物体验。

8.2.3　课堂案例：制作手机端绿植店铺详情页

步骤 1：启动 Photoshop 软件，执行"文件"→"新建"命令，新建一个 640 像素 × 2467 像素、分辨率为 72 像素 / 英寸、名称为"绿植详情页"的文件，如图 8-15 所示。

课堂案例：制作手机端绿植店铺详情页

步骤 2：找到本章节对应的素材文件夹 8.2.3，执行"文件"→"打开"命令，打开素材"茉莉花 .jpg"图片，将其拖曳至画面顶部，如图 8-16 所示。

图 8-15　创建背景　　图 8-16　调入素材　　　　　图 8-17　输入文本

步骤 3：选择工具箱中的"竖排文字工具"，在图片左侧输入文本"茉莉花开正当时"，设置文本字体为黑体，文本字号大小为 30 点，文本颜色为 #617f3c，并为其添加"图层样式"为"描边"，效果如图 8-17 所示。

步骤 4：选择工具箱中的"横排文字工具"，在主图下方输入文本"产品信息"，设置文本字体为黑体，文字字号大小为 30 点，文本颜色为 #000000。选择工具箱中的"直线工具"，绘制 2 像素宽度的黑色装饰线，效果如图 8-18 所示。

步骤 5：找到本章节对应的素材文件夹 8.2.3，执行"文件"→"打开"命令，打开素材"信息 .jpg"图片，将其拖曳至画面顶部，如图 8-19 所示。

步骤 6：选择工具箱中的"横排文字工具"，在主图下方输入文本"每一盆都有自己的故事"，设置文本字体为黑体，文字字号大小为 30 点，文本颜色为 #000000。选择工具箱中的"直线工具"，绘制 2 像素宽度的黑色装饰线，效果如图 8-20 所示。

图 8-18　输入产品信息文本

图 8-19　调入信息图

步骤 7：找到本章节对应的素材文件夹 8.2.3，执行"文件"→"打开"命令，打开素材"展示图 .jpg"图片，将其拖曳至画面，并进行微调，效果如图 8-21 所示。

图 8-20　输入宣传语

图 8-21　展示图

步骤 8：找到本章节对应的素材文件夹 8.2.3，执行"文件"→"打开"命令，打开素材"养花知识 .jpg"图片，将其拖曳至画面底部，并进行微调，效果如图 8-22 所示。完成效果如图 8-23 所示。

茉莉花开正当时

—— 产品信息 ——

『 关于花期

茉莉花的盛花期为5—11月，
在春夏秋会一批一批地开花，
凋落花苞花朵。 』

『 关于修剪

在冬季由于气温较低，新陈
代谢较缓慢，可通过修剪
有利于茉莉花长出新芽。 』

—— 每一盆都有自己的故事 ——

【波纹盆】

【麋鹿盆】

【舞莲盆】

【山水青花瓷盆】

| 茉莉花养护知识 |
MAINTENANCE KNOWLEDGE

■ 茉莉喜光照充足通风的环境，充足的阳光会使花量增大。

■ 要有阳光照射(不怕暴晒)收到货后浇透水，夏天早晚一次，
每次大量浇透，如果土壤过湿，可控制在一次，不要等干透
了才浇水。秋冬季节两天左右一次，也要浇透。

■ 肥料10~15天施肥一次，叶片和花苞不要浇水，注意托盘
积水及时倒掉。

【舞莲盆】

【山水青花瓷盆】

| 茉莉花养护知识 |
MAINTENANCE KNOWLEDGE

■ 茉莉喜光照充足通风的环境，充足的阳光会使花量增大。

■ 要有阳光照射(不怕暴晒)收到货后浇透水，夏天早晚一次，
每次大量浇透，如果土壤过湿，可控制在一次，不要等干透
了才浇水。秋冬季节两天左右一次，也要浇透。

■ 肥料10~15天施肥一次，叶片和花苞不要浇水，注意托盘
积水及时倒掉。

图 8-22　养花知识

图 8-23　完成效果

▶▶▶ **拓展实训**

　　张华的网店床品家居馆要重新进行店铺装修，请你根据所学内容和知识，帮助张华完成首页设计。

　　实训内容：制作如图 8-24 所示床品店铺首页设计。

　　实训要求：独立完成床品店铺首页制作。

　　知识检验：网店美工首页设计理论与操作。

　　操作流程：新建文件，海报制作，商家优惠券制作，首页导航制作，商品展示区制作。微店效果如图 8-25 所示。

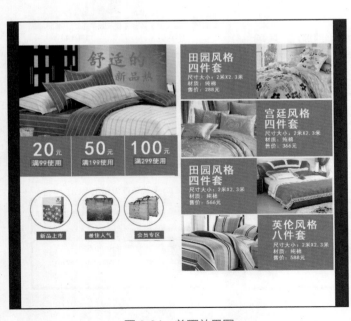

图 8-24　首页效果图

图 8-25　微店效果图

第9章

网店美工视频制作

 章节目标

知识目标:（1）熟悉视频编辑的常用操作。

（2）掌握编辑素材文件的方法。

（3）掌握剪辑视频素材的方法。

（4）掌握视频字幕的编辑方法。

技能目标:（1）能够完成电商视频的转场设计。

（2）能够完成为电商视频添加文字。

 学习重点、难点

学习重点:视频编辑软件的使用。

学习难点:视频编辑软件的操作。

通过本章的学习，读者应在了解视频概念、视频拍摄流程、网店美工视频类型和网店美工视频拍摄注意事项等视频拍摄基础知识的同时，重视自身媒介素养的提高，具有较强的自律意识，在海量信息中去伪存真、去粗取精，培养健康的生活态度，在视频编辑与制作过程中积极传递正能量，弘扬民族传统文化，打造和谐校园文化。

随着移动电商的快速发展，短视频变得炙手可热，成为各大电商平台吸引流量的一个重要途径和手段。对于顾客来说，视频的展现方式更加简单、明了，形式新颖，符合当下的时代潮流，视频的展现可以使他们更全面、清晰地了解商品和品牌的具体信息。因此视频拍摄与制作也是网店美工人员的必备技能之一。本章先对视频拍摄的基础知识进行讲解，包括视频概念、视频拍摄流程、网店美工视频类型、网店美工视频拍摄注意事项等，再通过实战提升拍摄技能，最后对视频进行制作与编辑、美化和发布等操作，帮助读者了解和掌握网店美工视频制作的相关知识。

9.1　视频拍摄基础知识

9.1.1　视频概念

图像连续变化每秒超过 24 帧（frame）画面以上时，根据视觉暂留原理，人眼无法辨别单幅的静态画面，会形成平滑连续的视觉效果，这样连续的画面叫作视频。

9.1.2　视频拍摄流程

拍摄动态视频与拍摄静态图片相同，都需要把拍摄的主题传达出来，让顾客更清楚、更快捷地了解商品，因此拍摄视频的流程有以下 4 个步骤。

视频拍摄流程

1. 了解商品的特点

进行商品拍摄时，一定要对所拍摄商品的特点、使用方法和使用效果等有充分的了解，这样才能选择合适的角度、环境等，拍摄出可以体现商品特色的视频，以便帮助顾客更好地了解商品，促进商品买卖。

2. 做好准备

这个步骤要根据商品的不同和实际需要来选择合适的道具或是模特，同时还要考虑拍摄场景是选择室内还是室外。

3. 视频拍摄

所有准备工作完成后就可以进行视频拍摄了，在这个过程中要注意使用三脚架保持视频画面的稳定性，按商品性能依次进行拍摄，同时注意商品整体体现和局部细节表现的穿插效果。

4. 后期合成

拍摄完成后的视频要应用视频编辑软件进行画面转场、音频裁剪和字幕的添加，常用的视频编辑软件有 Adobe Premiere、会声会影、快剪辑等，快剪辑操作简单易学，深受初学者的青睐。

9.1.3 网店美工视频类型

1. 首页主图

直观地表达活动主题和商品卖点，无法用页面描述的特征可以以视频的方式更好地展示给顾客，提供良好的购物体验，提高转化率。

2. 详情页窗口

详情页是决定用户转化的关键点，时间上可以长一些，内容主要为设定用户使用场景和使用效果，与详情页页面内容相呼应。

3. 微淘

微淘视频和其他平台视频最大的区别就是内容不是娱乐而是商品，多在 45 秒之内，可以设置场景和情节。由于篇幅受限，短视频既节约空间又可丰富内容，深受微淘商家的喜欢。

9.1.4 网店美工视频拍摄注意事项

1. 保持画面的稳定性

由于视频画面本身具有流动性，因此进行商品视频拍摄时要避免因变焦引起的画面模糊不清或抖动情况，使用三脚架或保持住身体和手部的平衡，使画面处于稳定状态。

2. 掌控视频拍摄时间

视频是通过不同镜头向顾客进行商品展示，不同视频的作用不同，所需时间也有差别，通常情况下特写镜头控制在 2~3 秒，近景 3~4 秒，中景 5~6 秒，全景 6~7 秒，一般镜头则控制在 4~6 秒比较合适，这样后期合成时画面会更丰富。

3. 合理运用拍摄角度

进行视频拍摄时，若一直使用一种角度，会显得乏味、呆板。因此，在进行商品拍摄时要从不同的角度进行拍摄，采用由上而下的俯拍、由下而上的仰拍和由远及近的推拍等多角度展示商品。

9.1.5　课堂案例：拍摄商品主图视频

以男士套装为内容进行商品主图室内视频拍摄，要求充分体现该男士套装的穿搭效果，以及男装领口、袖口、裁剪等细节部分。按照拍摄流程，要先熟悉商品并进行室内拍摄环境的布置，进行商品拍摄时，镜头要先从整体效果的远景（图9-1）推进到体现细节的近景（图9-2），然后体现领口细节（图9-3）和袖口细节（图9-4）。

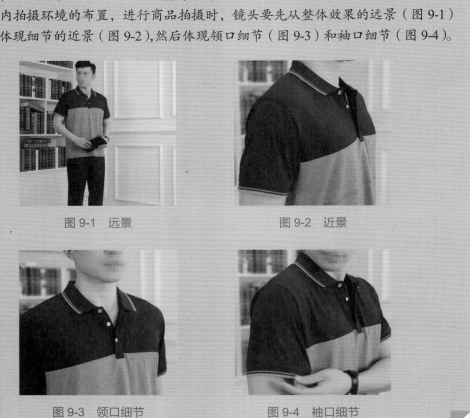

图 9-1　远景　　　　　　　　　　　　图 9-2　近景

图 9-3　领口细节　　　　　　　　　　图 9-4　袖口细节

9.2　视频编辑与发布

9.2.1　视频编辑常用操作

动态视频与静态的网页首页主图和详情页相比，能够在短时间内以更新奇、更流畅的方式呈现出更多的信息，更有效地刺激顾客产生购买的欲望。因此，网店美工要掌握网店视频编辑的基本操作，完成网店视频的制作。其常用操作包括商品镜头细节展示、商品环境变色、商品镜头转场和为视频添加文字等。

9.2.2 编辑视频素材

1. 视频裁剪

调入素材后进行处理时，发现并不是所有视频都是我们需要的。如图9-5所示，视频开始会出现人物，可能涉及侵犯版权的问题，这时就需要对素材视频进行分割裁剪。如图9-6所示，选择"剪刀工具"在合适的时间节点进行分割后删除，这样视频第一个镜头就不会出现人物了，如图9-7所示。

图 9-5　第一个镜头有人物

图 9-6　剪刀裁剪

图 9-7　第一个镜头无人物

2. 视频专场

视频编辑时调入的素材中两个镜头间需要做一些特效进行转换，使画面更丰富些，这时需要单击素材库中的"添加专场"按钮进行设置，如图 9-8 所示。其方法是选择需要添加的转场，单击右上角的加号即可添加。

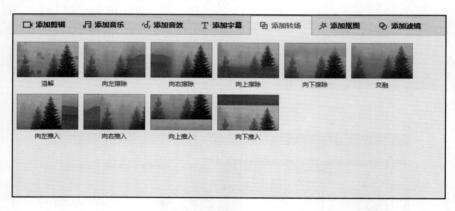

图 9-8　添加转场

3. 视频声音

视频声音分为音乐和音效两种，可直接通过在素材库中的"添加音乐"和"添加音效"下拉内容中单击"+"进行选择和添加，如图 9-9 所示。需要注意的是，添加的音乐和音效需与视频的长度进行匹配。

4. 添加字幕

在完成视频主体制作后，适当地添加字幕，可便于顾客更好地理解活动的主旨，可在软件素材库中选择需要的字幕形式进行添加，如图 9-10 所示。

图 9-9　添加音乐

图 9-10　添加字幕

9.2.3　视频发布

　　制作完成的商品视频作品上传网站要先符合上传要求，以淘宝为例，通常要求上传的格式为 WMV\MPG\MP4\VOB\MKV\MOV\M2T 等，上传内容要求不能有反动政治题材和色情暴力内容，更不能侵害他人合法权益和版权。上传视频主图以 9~30 秒为最佳，详情页不宜超过 2 分钟。

　　上传时先将符合要求的视频上传至平台的素材中心，再根据需要在素材中心单击"上传"需要上传的作品。

9.2.4　课堂案例：制作水果网店首页视频

　　步骤 1：启动快剪辑视频编辑软件，单击左上角的"新建项目"，在弹出的对话框中选择"专业模式"创建新的项目，如图 9-11 所示。

　　步骤 2：单击素材库中的"添加剪辑"按钮，依次添加本章节素材库中的素材，如图 9-12 所示。

课堂案例：制作水果网店首页视频

图 9-11　创建项目

图 9-12　调入素材

步骤 3：在素材库中单击"添加转场"按钮，分别为段素材添加"溶解""向右擦除""向左擦除"和"交融"，丰富画面的转场，如图 9-13 所示。

图 9-13　添加转场

步骤 4：在素材库中单击"添加音效"按钮，选择"自然"音效下的"湖水波浪"，为项目添加音效，如图 9-14 所示。

图 9-14　添加音效

步骤 5：单击窗口右下角的"保存导出"按钮，即可导出所编辑的视频，参数默认即可，如图 9-15 所示。

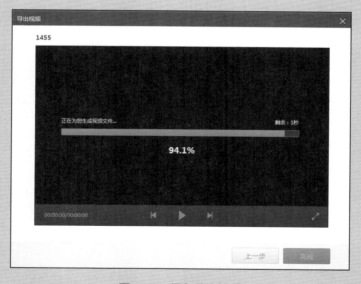

图 9-15　保存导出视频

▶▶ 拓展实训

服装店暑期促销活动开始了，电商卖家为增加店内人气，将首页海报升级为视频方式。实训内容：制作如图 9-16 所示的视频海报。

实训要求：个人独立完成视频海报制作。

知识检验：视频海报设计方法。

操作流程：启动软件，调入素材，调整时间，设置转场特效，添加"输入大标题"字幕，保存导出。

图 9-16　视频海报

第10章

商业综合案例

 章节目标

知识目标：（1）了解商业综合案例分析方法。

（2）了解商业综合案例设计思路。

（3）掌握商业综合案例制作。

技能目标：（1）能够熟悉商业综合案例前期准备工作。

（2）能够独立完成商业综合案例。

 学习重点、难点

学习重点：案例制作。

学习难点：案例思路与分析。

通过本章的学习，读者在综合实践能力提升的同时，可以深刻体会装修服装店铺、美食店铺、床品店铺和灯具店铺等之间的不同、其间存在的客观规律和联系，尝试从多元化的角度思考问题、解决问题，激发自我追求真善美、承担新使命的正能量，把自我活动变为自我教育的过程，实现自我成长。

网上的店铺数不胜数，其销售的商品也千差万别，但仔细分析可以发现：就算是相同的商品，其对应的店铺有些让人记忆犹新、流连忘返，销售量极高，有些店铺却让人毫无印象，导致无人问津，为什么相同的商品却有这么大的差异呢？其中很大一部分原因在于店铺的装修。美观、新颖的店铺装修效果往往更容易吸引顾客的注意，也会给顾客留下良好的"第一印象"，从而增加顾客对商品的信任并促进商品的销售。经过前面章节的学习，读者对网店美工有了一定的了解，为加强读者对所学知识的印象，本章以装修服装店铺、装修美食店铺、装修床品店铺、装修灯具店铺四个典型案例为例，详细阐述店铺装修的思路、知识要点和店铺装修的具体操作步骤，帮助读者了解不同商品店铺装修的特点与不同。

10.1　装修服装店铺

10.1.1　装修思路

店铺装修从首页的店招开始，到详情页的售后服务结束。本案例以装修女童童装店铺为例，演示店铺装修内容和方法。首页将重点放在店招和海报上，体现童装店铺的活力，详情页店铺则主要通过人物模特进行商品展示，更加直观、有说服力。

10.1.2　知识要点

要想完成服装店铺装修，在制作时要以简洁中体现亮点、美观中体现重点为原则，掌握创建文件的方法，可以独立应用"自定义形状工具""横排文字工具""矩形工具"等，可以为设计内容添加描边等图层样式。

10.1.3　操作步骤

1. 店招制作

启动 Photoshop 软件后，创建 1920 像素 ×180 像素、分辨率为 72 像素 / 英寸、文件名称为"店招"的文件。导入"背景"素材，应用"横排文字工具"输入文本，如图 10-1 所示。

店招制作

（a）文件参数

（b）店招效果图

图 10-1 店招制作

2. 海报制作

启动 Photoshop 软件后，创建 1920 像素 ×900 像素、分辨率为 72 像素 / 英寸、文件名称为"海报"的文件。导入"背景"素材，应用"横排文字工具"输入文本，并为文本添加"描边"样式，效果如图 10-2 所示。

图 10-2 海报效果

海报制作

3. 优惠券制作

启动 Photoshop 软件后，创建 730 像素 ×180 像素、分辨率为 72 像素 / 英寸、文件

名称为"优惠券"的文件。用圆角矩形工具绘制优惠券背景和领取按钮，设置填充颜色为渐变色，用文字工具输入文本，效果如图 10-3 所示。

优惠券制作

图 10-3　优惠券效果

4. 商品分类区制作

启动 Photoshop 软件后，创建 1920 像素 ×2000 像素、分辨率为 72 像素 / 英寸、文件名称为"商品分类区"的文件。填充背景色为 #c7c6cc，"横排文字工具"输入文本。绘制大小为 1024 像素 ×1800 像素的矩形，"描边" 20 像素，且 6 等分，形成框格，依次导入"服装"素材，注意素材调整以不变形人物为标准进行裁剪，效果如图 10-4 所示。

商品分类区制作

5. 新品展示区制作

启动 Photoshop 软件后，创建 1920 像素 ×2271 像素、分辨率为 72 像素 / 英寸、文件名称为"新品展示区"的文件。"横排文字工具"输入文本。依次导入素材，调整到合适的大小，效果如图 10-5 所示。

新品展示区制作

图 10-4　分类展示区效果

图 10-5　新品展示区

6. 页尾制作

启动 Photoshop 软件后，创建 1920 像素 ×180 像素、分辨率为 72 像素 / 英寸、文件名称为 "页尾" 的文件。局部填充红色背景，自定义形状添加 "横幅 4"，应用 "横排文字工具" 输入文本 "返回顶部"，效果如图 10-6 所示。

页尾制作

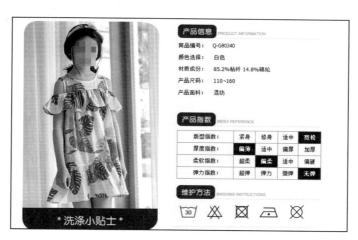

图 10-6　页尾效果

7. 详情页主图

启动 Photoshop 软件后，创建 1920 像素 ×1184 像素、分辨率为 72 像素 / 英寸、文件名称为 "主图" 的文件。导入模特素材即可。

详情页主图
制作

8. 详情页产品信息图

启动 Photoshop 软件后，创建 772 像素 ×510 像素、分辨率为 72 像素 / 英寸、文件名称为 "信息图" 的文件。导入背景，应用 "横排文字工具" 输入相应文本，效果如图 10-7 所示。

图 10-7　产品信息图

9. 详情页细节图

启动 Photoshop 软件后，创建 1920 像素 ×1500 像素、分辨率为 72 像素 / 英寸、文件名称为 "细节图" 的文件。依次导入本章节素材库中的素材文件即可。

其他内容制作

10. 售后服务

启动 Photoshop 软件后，创建 800 像素 ×600 像素、分辨率为 72 像素 / 英寸、文件

名称为"售后服务"的文件。应用"横排文字工具"输入相应文本,效果如图10-8所示。

图 10-8　售后服务

10.2　装修美食店铺

10.2.1　装修思路

本案例将以甜品为主要内容向大家展示美食店铺的装修。整个设计采用暖暖的橙色色调,首页通过优惠信息和促销内容的体现来吸引顾客的眼球,详情页主要通过商品的细节展示来突出品牌的优势。

10.2.2　知识要点

完成本案例制作,需要在制作过程中掌握"形状工具组""选区""抠图""文字工具组"等的使用,同时要求设计者可以为设计内容添加"描边"等图层样式。

10.2.3　操作步骤

1. 店招制作

启动 Photoshop 软件后,创建 1920 像素 ×180 像素、分辨率为 72 像素 / 英寸、文件名称为"店招"的文件。导入背景素材，应用"自定义形状工具"绘制颜色为#000000 的星形和心形，应用"横排文字工具"输入文本，并为文本添加"投影"样式，效果如图 10-9 所示。

图 10-9　店招效果图

2. 海报制作

启动 Photoshop 软件后，创建 1000 像素 ×620 像素、分辨率为 72 像素 / 英寸、文件名称为"海报"的文件。调入"背景"调整大小，导入"蛋糕"素材，抠取主图进行位置和大小的调整。应用"横排文字工具"输入文本，并为文本添加"斜面浮雕"和"描边"等图层样式，效果如图 10-10 所示。

图 10-10　海报效果

3. 优惠券制作

启动 Photoshop 软件后，创建 845 像素 ×480 像素、分辨率为 72 像素 / 英寸、文件名称为"优惠券"的文件。选择"圆角矩形工具"绘制优惠券背景，使用"横排文字工具"输入相应的文本，效果如图 10-11 所示。

图 10-11　优惠券效果图

4. 商品分类区制作

启动 Photoshop 软件后，创建 733 像素 × 1500 像素、分辨率为 72 像素 / 英寸、文件名称为"商品分类区"的文件。背景色填充与店招相同的橙色，直接调入对应的素材即可。

5. 热卖展示区制作

启动 Photoshop 软件后，创建 550 像素 × 700 像素、分辨率为 72 像素 / 英寸、文件名称为"热卖展示区"的文件。填充与店招相同的橙色，直接调入对应的素材即可。

6. 页尾制作

启动 Photoshop 软件后，创建 1920 像素 × 240 像素、分辨率为 72 像素 / 英寸、文件名称为"页尾"的文件。填充与店招相同的橙色，形成呼应。应用圆角矩形工具绘制按钮，添加"投影"样式，应用"横排文字工具"输入白色文本，效果如图 10-12 所示。

图 10-12　页尾效果

7. 详情页主图

启动 Photoshop 软件后，创建 1920 像素 × 1635 像素、分辨率为 72 像素 / 英寸、文件名称为"详情页主图"的文件。调入相应的素材，输入"派味　草莓公主蛋糕"，效果如图 10-13 所示。

8. 详情页产品信息图

启动 Photoshop 软件后，创建 790 像素 × 1200 像素、分辨率为 72 像素 / 英寸、文件名称为"产品信息图"的文件。输入相应文本，应用"描边"命令添加边框，效果如图 10-14 所示。

9. 详情页细节图

启动 Photoshop 软件后，创建 1920 像素 × 1750 像素、分辨率为 72 像素 / 英寸、文件名称为"细节图"的文件。背景颜色填充 #fcb630，导入本章节对应的细节图素材即可。

10. 售后服务

启动 Photoshop 软件后，创建 792 像素 × 300 像素、分辨率为 72 像素 / 英寸、文件名称为"售后服务"的文件。背景填充与店招相同的 #fcb630 色。导入边框素材，输入相应文本，效果如图 10-15 所示。

派味 草莓公主蛋糕

图 10-13 详情页主图

产品信息

保存温度：0至4℃冷藏储存

甜度值：☆☆☆

规格：380g（4英寸）、700g（6英寸）、1200g（8英寸）、2000g（10英寸）、2500g（12英寸）

温馨提示：含有蛋类（鸡蛋）、乳制品（奶油、奶酪、牛奶、黄油、酸奶）、麸质（小麦）、可可制品（原豆黑巧克力）、少量咖啡因。如有过敏，请谨慎购买

营养成分

项目	每100g	NRV%
能量	968kJ	12%
蛋白质	4.7g	8%
脂肪	16.0g	27%
碳水化合物	17.4g	6%
钠	67mg	3%

图 10-14 产品信息图

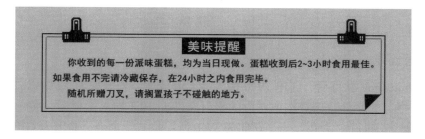

图 10-15 售后服务

10.3 装修床品店铺

10.3.1 装修思路

网店床品店铺装修装饰不要用太多，尽量用商品来搭配出整体的效果，因为装饰做得太复杂，会有喧宾夺主的感觉。从首页店招开始，到售后服务结束，整体都要采用浅色背景，以便突出主体床品。店招、海报可以设计得特别一点，放一些好看的、大家能接受的商品图片。不要布置得太杂乱，各种床品的布置以同色系为组，这样顾客浏览比较方便。

10.3.2　知识要点

根据装修思路，完成此案例要求网店美工设置简单的浅色背景，首页设置背景色为 #eff5ab，详情页背景为白色。合理运用"横排文字工具""圆角矩形工具""调色"和"图层样式"。添加素材多采用直接调入方式，不需要加过多修饰，能简则简，让商品成为网站的突出主体。

10.3.3　操作步骤

1. 店招制作

启动 Photoshop 软件后，创建 1920 像素 ×180 像素、分辨率为 72 像素 / 英寸、文件名称为"店招"的文件。选择本章对应的素材文件夹 10.3 导入"背景"素材，应用"横排文字工具"输入文本，添加"投影"样式，效果如图 10-16 所示。

图 10-16　店招效果图

2. 海报制作

启动 Photoshop 软件后，创建 1920 像素 ×650 像素、分辨率为 72 像素 / 英寸、文件名称为"海报"的文件。选择本章对应的素材文件夹 10.3 导入素材后，执行"窗口"→"时间轴"命令，执行"文件"→"存储为 Web 所用格式"命令，输出为 GIF 格式动图，形成动态海报。

3. 优惠券制作

启动 Photoshop 软件后，创建 939 像素 ×400 像素、分辨率为 72 像素 / 英寸、文件名称为"优惠券"的文件。填充背景色为 #eff5ab，应用"圆角矩形工具"绘制优惠券，输入颜色为 #ffffff 的文本，效果如图 10-17 所示。

图 10-17　优惠券效果

4. 商品分类区制作

启动 Photoshop 软件后，创建 1920 像素 ×5463 像素、分辨率为 72 像素 / 英寸、文件名称为"商品分类区"的文件。选择本章对应的素材文件夹 10.3，依次导入对应素材库中的文件即可。

5. 新品展示区制作

启动 Photoshop 软件后，创建 1920 像素 ×2500 像素、分辨率为 72 像素 / 英寸、文件名称为"新品展示区"的文件。应用"横排文字工具"输入文本。选择本章对应的素材文件夹 10.3，依次导入素材，调整到合适大小即可。

6. 页尾制作

启动 Photoshop 软件后，创建 1920 像素 ×481 像素、分辨率为 72 像素 / 英寸、文件名称为"页尾"的文件。选择本章对应的素材文件夹 10.3，导入背景素材和二维码素材，应用"横排文字工具"输入相应文本，效果如图 10-18 所示。

图 10-18　页尾效果

7. 详情页主图

启动 Photoshop 软件后，创建 790 像素 ×890 像素、分辨率为 72 像素 / 英寸、文件名称为"主图"的文件。选择本章对应的素材文件夹 10.3，导入素材即可完成，效果如图 10-19 所示。

8. 详情页产品信息图

启动 Photoshop 软件后，创建 790 像素 ×2673 像素、分辨率为 72 像素 / 英寸、文件名称为"信息图"的文件。选择本章对应的素材文件夹 10.3，依次导入素材即可完成。

9. 详情页细节图

启动 Photoshop 软件后，创建 790 像素 ×1535 像素、分辨率为 72 像素 / 英寸、文件名称为"细节图"的文件。选择本章对应的素材文件夹 10.3，依次导入素材，效果如图 10-20 所示。

10. 售后服务

启动 Photoshop 软件后，创建 790 像素 ×440 像素、分辨率为 72 像素 / 英寸、文件

名称为"售后服务"的文件。应用"横排文字工具"输入相应文本,效果如图 10-21 所示。

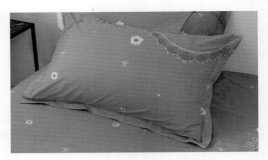

宽边信封式枕套 做工精细,走线平整,拆洗方便

图 10-19 主图

双头拉链设计 精选优质双头金属拉链,牢固顺滑,经久耐用

被角带设计 被套内四角有被角绑带,可以牢牢固定被芯,防止移位

图 10-20 产品细节图

免费退

任意渠道对比
质量比别人差

免费补

物流运输过程中
有任何破损问题

免费调

7天以内产品
有任何质量问题

免费换

到货90天内
有任何质量问题

图 10-21 售后服务

10.4 装修灯具店铺

10.4.1 装修思路

　　本案例以灯具网店装修为例向大家详细介绍网店店铺装修的过程。由于灯具发光的特殊性，背景要选择明度较低的色彩来和商品主体形成鲜明的对比，首页将重点放在产品分类图上，体现店铺灯具多而全的特点，店铺详情页则主要通过产品细节图来展现产品的优良品质。

10.4.2 知识要点

　　要体现灯具的特点和品质，很好地完成本案例，在制作时力求简洁，应用"自定义形状工具""横排文字工具""矩形工具"等，可以为设计内容添加"描边"和"渐变叠加"等图层样式。

10.4.3 操作步骤

1. 店招制作

　　启动 Photoshop 软件后，创建 1920 像素 ×180 像素、分辨率为 72 像素 / 英寸、文件名称为"店招"的文件。导入"背景"素材和"灯"素材，应用"横排文字工具"输入文本，效果如图 10-22 所示。

图 10-22　店招效果图

2. 海报制作

　　启动 Photoshop 软件后，创建 1920 像素 ×950 像素、分辨率为 72 像素 / 英寸、文件名称为"海报"的文件。选择本章对应的素材文件夹 10.4，依次导入海报背景和装饰素材，效果如图 10-23 所示。

3. 优惠券制作

　　启动 Photoshop 软件后，创建 960 像素 ×350 像素、分辨率为 72 像素 / 英寸、文件名称为"优惠券"的文件。背景色填充为 #000000。应用"圆角矩形工具"绘制优惠券，为输入的文本添加"外发光""投影"投影等图层样式，效果如图 10-24 所示。

图 10-23　海报效果

图 10-24　优惠券效果

4. 商品分类区制作

启动 Photoshop 软件后，创建 1920 像素 ×517 像素、分辨率为 72 像素 / 英寸、文件名称为"商品分类区"的文件。设置前景色为 #cacacc，填充背景。应用"矩形选框工具"绘制 8 个 235 像素 ×180 像素的矩形，应用"横排文字工具"输入文本，效果如图 10-25 所示。

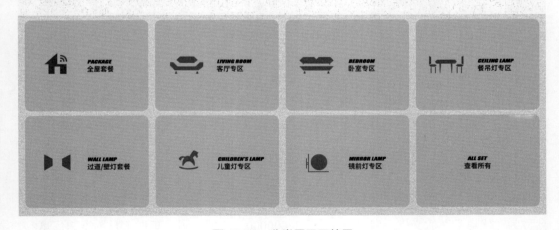

图 10-25　分类展示区效果

5. 新品展示区制作

启动 Photoshop 软件后，创建 940 像素 ×700 像素、分辨率为 72 像素 / 英寸、文件名称为"新品展示区"的文件。选择本章对应的素材文件夹 10.4，导入素材 1 和素材 2 即可完成。

6. 页尾制作

启动 Photoshop 软件后，创建 1920 像素 ×466 像素、分辨率为 72 像素 / 英寸、文件名称为"页尾"的文件。背景颜色填充为 #dddddd，应用"横排文字工具"输入文本，效果如图 10-26 所示。

图 10-26　页尾效果

7. 详情页主图

启动 Photoshop 软件后，创建 790 像素 ×860 像素、分辨率为 72 像素 / 英寸、文件名称为"主图"的文件。选择本章对应的素材文件夹 10.4，导入背景和素材。应用"横排文字工具"输入文本"晖晕灯饰　全铜轻奢"，并为文本添加参数投影样式，效果如图 10-27 所示。

8. 详情页产品信息图

启动 Photoshop 软件后，创建 1920 像素 ×3157 像素、分辨率为 72 像素 / 英寸、文件名称为"信息图"的文件。选择本章对应的素材文件夹 10.4，导入信息图素材 1 和素材 2,应用"横排文字工具"输入相应文本，效果如图 10-28 所示。

图 10-27　主图效果

9. 详情页细节图

启动 Photoshop 软件后，创建 790 像素 ×3348 像素、分辨率为 72 像素 / 英寸、文件名称为"细节图"的文件。选择本章对应的素材文件夹 10.4，依次导入素材细节

1~3，即可完成详情页细节图的制作。

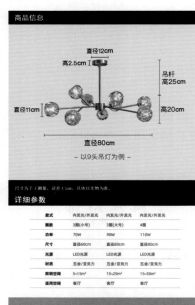

图 10-28　信息图

10. 售后服务

启动 Photoshop 软件后，创建 790 像素 ×1800 像素、分辨率为 72 像素 / 英寸、文件名称为"售后服务"的文件。选择工具箱中的"矩形选框工具"绘制不同选区，分别填充颜色为 #000000、#798293、#d8d9de 的前景色，装饰背景。应用"横排文字工具"输入相应文本，效果如图 10-29 所示。

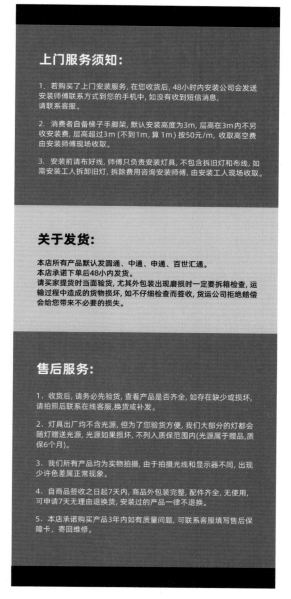

图 10-29　售后服务

参 考 文 献

[1] 王莎，夏收 . 网店美工视觉设计实战教程 [M]. 北京：人民邮电出版社，2020.

[2] 刘艺 . 中文本 Photoshop 电商美工设计实用教程 [M]. 北京：人民邮电出版社，2020.

[3] 董隋东，王淼静 . 电子商务视觉营销 [M]. 北京：清华大学出版社，2019.

[4] 欧阳红巍，潘果 . 商品拍摄与图片处理 [M]. 北京：北京邮电大学出版社，2020.

[5] 莫丽梅 . 商品拍摄与图片处理 [M]. 北京：机械工业出版社，2018.

[6] 黑马程序员 . 淘宝店美工设计实操 [M]. 北京：清华大学出版社，2019.

[7] 何叶，马小红，李淑君 . 淘宝天猫网店美工 [M]. 北京：人民邮电出版社，2020.

[8] 张应凯 . 网店美工装修设计使用教程 [M]. 北京：人民邮电出版社，2021.

[9] 谢文创，陈丹 . 网店美工实战 [M]. 北京：清华大学出版社，2019.

[10] 段建，张瀛，张磊 . 网店美工 [M]. 北京：人民邮电出版社，2020.

[11] 王洪江 . 中文版 Photoshop 平面设计入门与提高 [M]. 北京：人民邮电出版社，2020.

[12] 杭俊，王晓亮 . Photoshop 网店美工实例教程 [M]. 北京：人民邮电出版社，2019.

[13] 朱华杰 . 品牌视觉—可复制的电商视觉终极玩法 [M]. 北京：电子工业出版社，2018.

[14] 吴航行，李华 . 短视频编辑与制作 [M]. 北京：人民邮电出版社，2019.

[15] 子若老师 . 淘宝美工进阶教程 [M]. 北京：中国工信出版集团，电子工业出版社，2019.

[16] 北极光摄影 . 摄影构图 [M]. 北京：人民邮电出版社，2019.

[17] 敬伟 . Photoshop 从入门到精通 [M]. 北京：清华大学出版社，2020.

[18] 唐秀菊，徐冬妹 . Photoshop 实用案例教程 [M]. 北京：机械工业出版社，2019.

[19] 张瀛 . 跨境电子商务视觉营销 [M]. 北京：电子工业出版社，2020.

[20] 葛文艳，赵敏 . 手机端电商视觉设计实战秘籍 [M]. 北京：清华大学出版社，2021.

[21] 华天印象 . Photoshop CC 淘宝美工实用教程 [M]. 北京：人民邮电出版社，2017.

[22] 唐智鑫，孙润霞 . 网店商品图片与视频拍摄及处理 [M]. 北京：人民邮电出版社，2018.